剧目驱动教学案例

——话剧《天堂瑶寨》

编著　翟　清　周新娟

合肥工業大學出版社

图书在版编目(CIP)数据

剧目驱动教学案例:话剧《天堂瑶寨》/翟清等编著．—合肥:合肥工业大学出版社,2017.6
ISBN 978-7-5650-3461-9

Ⅰ.①剧… Ⅱ.①翟… Ⅲ.①话剧—应用—高等学校—教学研究 Ⅳ.①G642.0

中国版本图书馆CIP数据核字(2017)第164716号

剧目驱动教学案例——话剧《天堂瑶寨》

翟 清 周新娟 编著

编 委 张 睿 盘 琴 李丽娜 陈 俊 林昆山
余 澜 张智勇 胡 静 陈德睿 刘 翔
刘少鹏 段 雄 陈泽泉 刘 川 张敏敏
责任编辑 王 磊
出版发行 合肥工业大学出版社
地 址 (230009)合肥市屯溪路193号
网 址 www.hfutpress.com.cn
电 话 艺术编辑部:0551-62903120
市场营销部:0551-62903198
开 本 787毫米×1092毫米 1/16
印 张 9
字 数 210千字
版 次 2017年6月第1版
印 次 2017年10月第1次印刷
印 刷 安徽联众印刷有限公司
书 号 ISBN 978-7-5650-3461-9
定 价 48.00元

前 言

湖南艺术职业学院影视系始终秉承"追求卓越，不厌平凡"的校训，积极致力于戏剧影视表演专业教学改革，以培养适应文化市场需求的高职戏剧影视表演人才为己任。在实践中，以"围绕舞台，主体发展；依托文化，立体发展；面向市场，全面发展"的教学思路，以剧目教学带动戏剧影视表演人才的教育培养。长期以来，影视系坚持以剧目驱动促进教学改革发展，通过舞台剧表演、视频作品表演等为学生提供体验实践。在激发学生的学习兴趣和主动性的同时，注重了学生专业知识和技能的针对性和应用性，实现了剧目排练过程中的教学相长，师生共赢，帮助学生主动建构探究、实践、思考、运用、解决、高智慧的学习体系。

话剧《天堂瑶寨》是影视系剧目驱动教学改革中成功的案例之一。故事以发生在湖南江华瑶族自治县涔天河水库扩建工程移民搬迁工作为背景，以现实生活中大学生村官为人物原型，讲述了大学生赵正梁毕业后毅然放弃工作条件优越、收入丰厚的城市工作，回到家乡瑶寨担任村官，克服重重困难带领村民们支持国家水利工程建设，重建家园的感人故事。从剧本的编写、导演、演员的选取，剧目的排练与呈现……每一个环节都让同学们参与其中，积累实践经验。以《天堂瑶寨》为蓝本进行剧目的拓展和延伸，影视系创作了微电影、话剧等一系列的作品，以原生态的瑶歌、瑶鼓、瑶舞、瑶服等瑶族元素穿插其中，现实与写意手法相结合，谱写了一曲当代大学生践行社会主义核心价值观、勇于担当的青春赞歌。该剧目在湖南省戏剧家协会举办的以"中国梦"为主题的戏剧创作活动中荣获小戏小品"节目奖"，并荣获2015年湖南省第四批文化事业建设专项经费扶持。

这些成绩的取得让我们看到了剧目驱动教学改革的成效，走出了一条"以剧目带动教学、以创作深化教学、以展演促进教学、以舞台检验教学"的表演人才培养路子。

希望我院广大教师紧紧围绕高职教育的特点，突出应用人才培养特色，潜心教学改革探索与实践，为文化艺术的传承、发展、创新，为培养更多的适应社会、市场需要的艺术人才而不懈努力。

鲁雁飞

二〇一七年初夏于长沙

目　　录

前言 …… (001)
主创人员照片 …… (001)
剧照选登 …… (011)
舞美设计图 …… (016)
服装设计图 …… (019)
获奖证书、剧本获奖 …… (022)
拓展延伸作品奖项 …… (024)
项目通知 …… (029)
《天堂瑶寨》内容简介 …… (032)
剧本 …… (034)
音乐主旋律谱 …… (047)
主创人员谈创作 …… (050)
　　一、导演阐述 …… (051)
　　二、服装设计 …… (054)
　　三、剧中参演老师谈创作 …… (057)
　　四、剧中参演学生谈创作 …… (061)
延伸项目 …… (067)
　　一、课题 …… (068)
　　二、相关论文 …… (093)
致谢 …… (138)

主创人员照片

编剧、导演　翟清老师

编剧　周新娟老师

项目策划　张睿老师

音乐设计、主题曲演唱　盘琴老师

执行导演　李丽娜老师

主演　陈俊老师

主演　林昆山老师

主演　余澜老师

舞美设计　张智勇老师

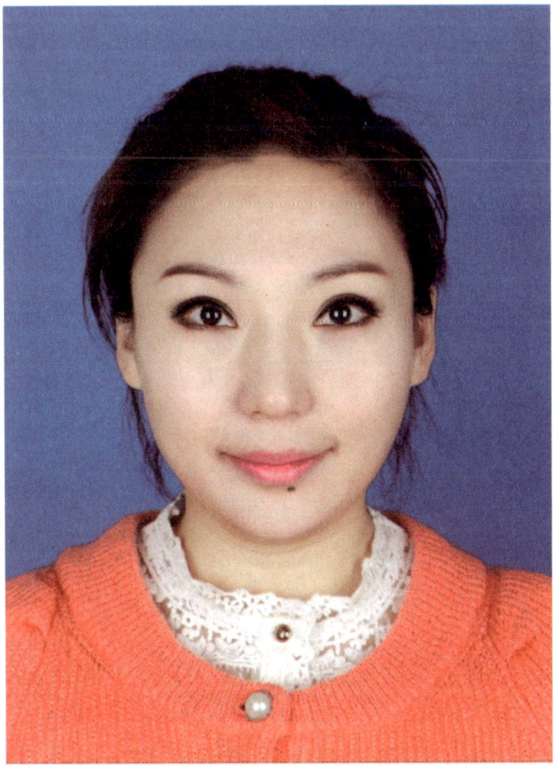

服装化妆设计　胡静老师

编剧　陈德睿

剪辑调色　刘翔老师

摄像　刘少鹏老师

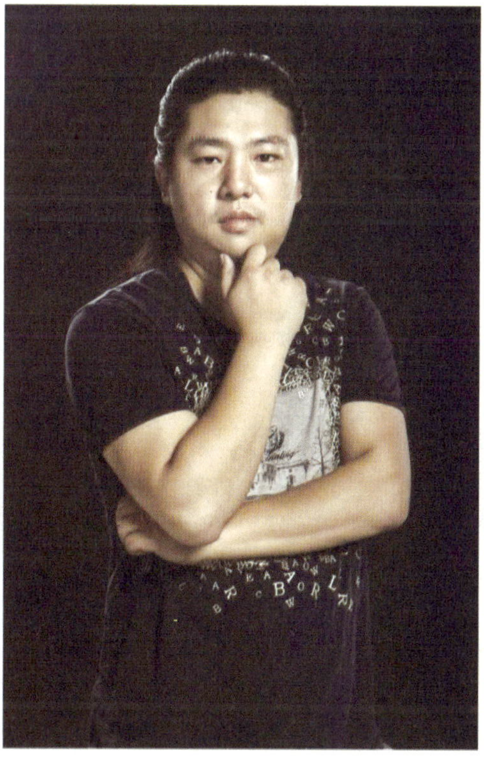

摄像　段雄老师

摄影　陈泽泉老师

舞美设计　刘川老师

音乐制作　张敏敏老师

剧照选登

剧照（一）

剧照（二）

剧照（三）

剧照（四）

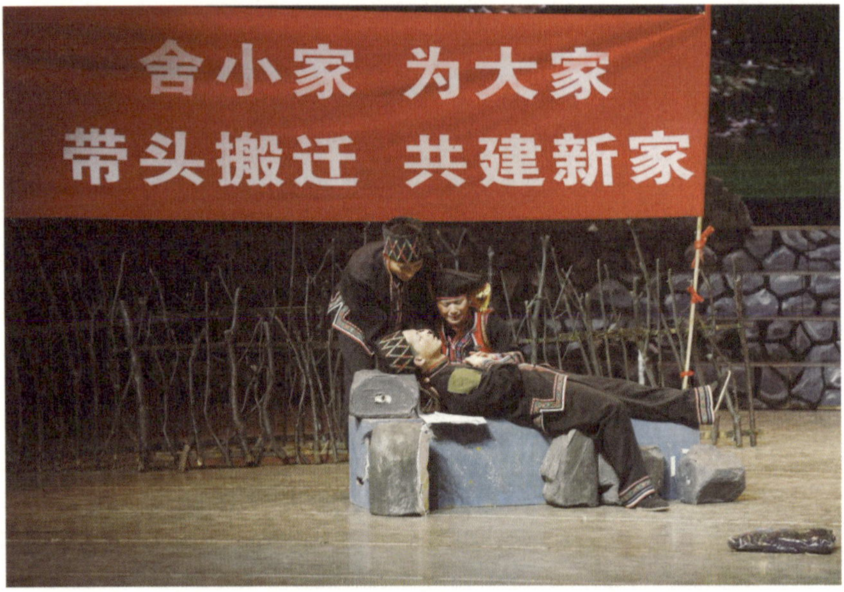

剧照（五）

剧照（六）

剧照（七）

剧照（八）

剧照（九）

剧照（十）

剧照（十一）

舞美设计图

村委会

村口

赵正梁家

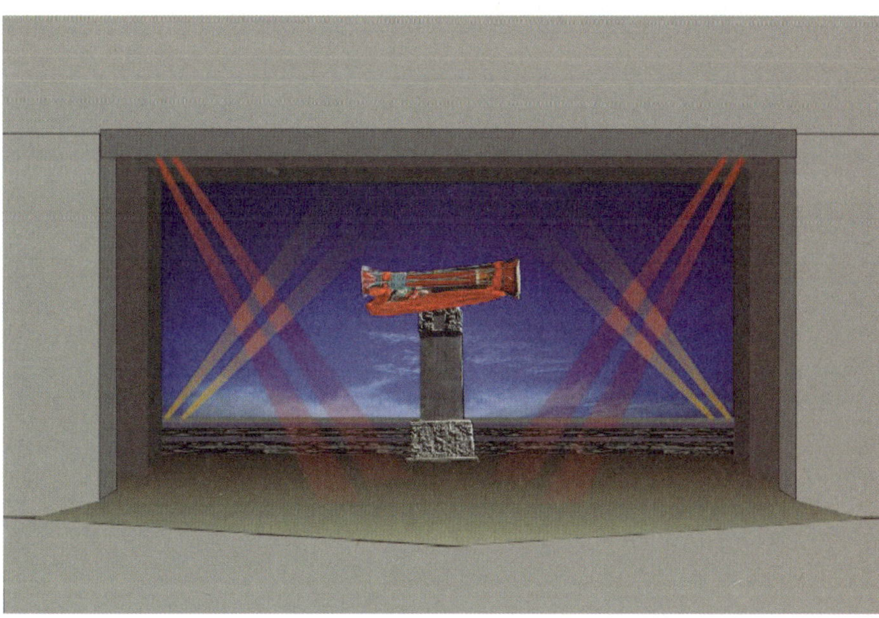

标志性符号——瑶族长鼓

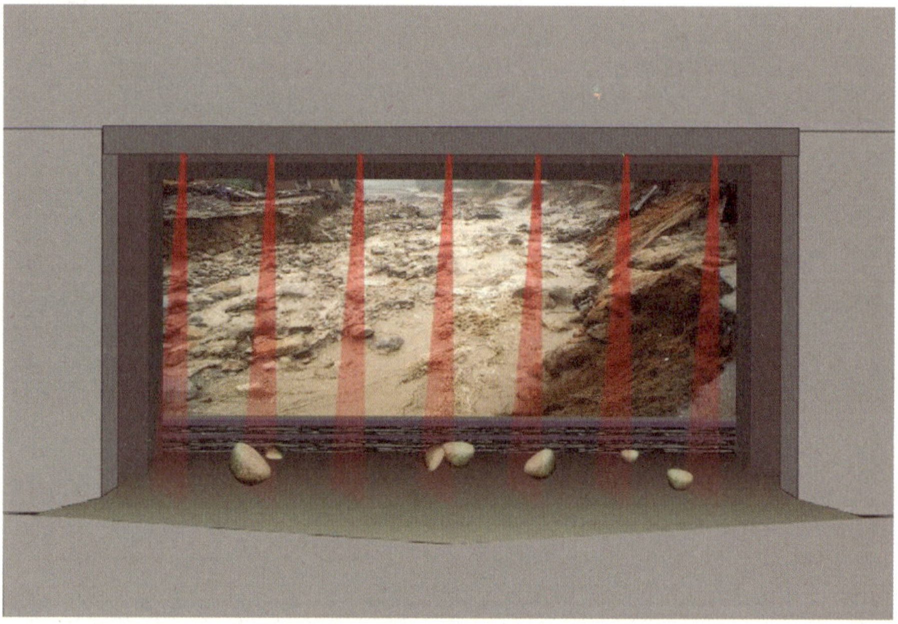

泥石流吞噬着的村口

服装设计图

大学生村官服装

女村民服装

正梁爸服装

盘有才服装

男村民服装

获奖证书、剧本获奖

荣誉证书

HONORARY CREDENTIAL

湖南艺术职业学院报送的情景剧《天堂瑶寨》，在湖南省以“中国梦”为主题的戏剧创作活动中荣获小戏小品“节目奖”。

湖南省文学艺术界联合会　湖南省戏剧家协会

二〇一四年六月

荣誉证书

HONORARY CREDENTIAL

湖南艺术职业学院在湖南省以“中国梦”为主题的戏剧创作活动中，组织工作表现突出，授予“组织奖”。

湖南省文学艺术界联合会　湖南省戏剧家协会

二〇一四年六月

证书编号：XLNH20150304586

绚丽年华第八届全国美育成果展评

荣誉证书

翟　清　同志：

独幕剧《天堂瑶寨》荣获本届全国
高校美育成果展评教师组

编剧　综合评审一等奖

中国高等教育学会美育专业委员会　中国音乐家协会音乐教育学学会　全国美育成果展评联合组委会　中华优秀传统文化教育研究工作委员会

报送单位：湖南艺术职业学院

2015年9月

组委会参办单位：
中国高等教育学会美育专业委员会　教育部中国老教授协会　中国老教授协会教育专业委员会
中国教育学会　中国教育学会音乐教育分会　中国教育学会美育专业委员会　北京音乐家协会

证书编号：XLNH201504030241

绚丽年华第八届全国美育成果展评

荣誉证书

陈德睿　同学：

独幕剧作品《天堂瑶寨》荣获本届全国高校
美育成果展评学生组

编剧一等奖　综合评审一等奖

中国高等教育学会美育专业委员会　中国音乐家协会音乐教育学学会　全国美育成果展评联合组委会　中华优秀传统文化教育研究工作委员会

指导教师：翟清
报送单位：湖南师范大学

2015年9月

组委会参办单位：
中国高等教育学会美育专业委员会　教育部中国老教授协会　中国老教授协会教育专业委员会
中国教育学会　中国教育学会音乐教育分会　中国教育学会美育专业委员会　北京音乐家协会

拓展延伸作品奖项

获奖证书

湖南艺术职业学院 翟清 同志：

你（们）撰写的《媒体视野下的湖南瑶族文化的保护、传承与创新研究》论文在湖南省教育科学研究工作者协会2015年度优秀论文评选活动中获 壹 等奖。

特发此证，以资鼓励。

湖南省教育科学研究工作者协会

2015年12月10日

获奖证书

湖南艺术职业学院 周新娟 同志：

你（们）撰写的《探究性学习中感悟历史》论文在湖南省教育科学研究工作者协会 2015 年度优秀论文评选活动中获 贰 等奖。

特发此证，以资鼓励。

湖南省教育科学研究工作者协会

2015 年 12 月 10 日

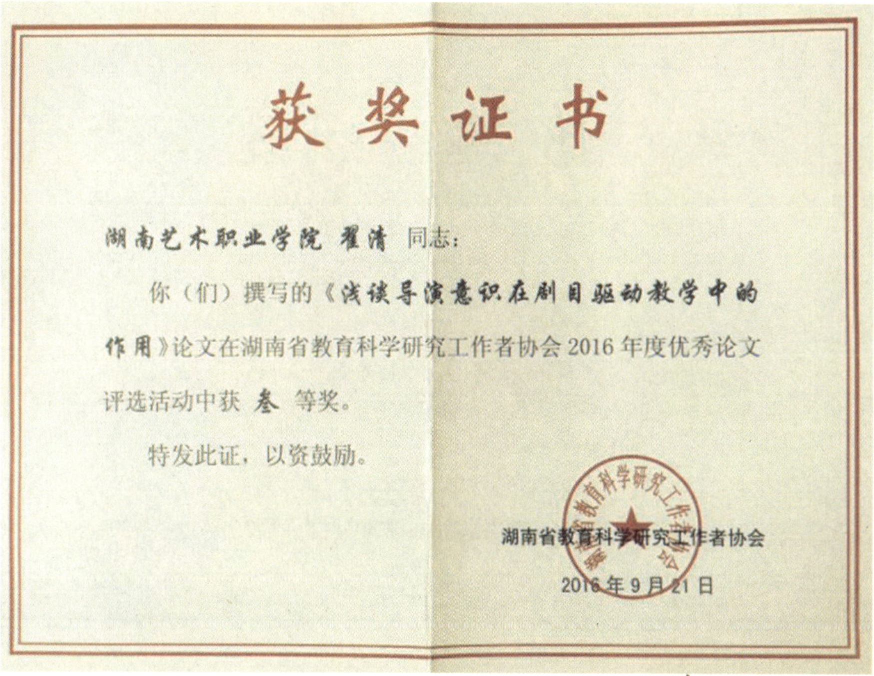

获奖证书

湖南艺术职业学院 翟清 同志：

你（们）撰写的《浅谈导演意识在剧目驱动教学中的作用》论文在湖南省教育科学研究工作者协会2016年度优秀论文评选活动中获 叁 等奖。

特发此证，以资鼓励。

湖南省教育科学研究工作者协会

2016年9月21日

获奖证书

湖南艺术职业学院 张睿 同志：

你（们）撰写的《专业艺术院校戏剧影视表演专业舞台实践在人才培养中的地位和作用》论文在湖南省教育科学研究工作者协会2016年度优秀论文评选活动中获 叁 等奖。

特发此证，以资鼓励。

湖南省教育科学研究工作者协会

2016年9月21日

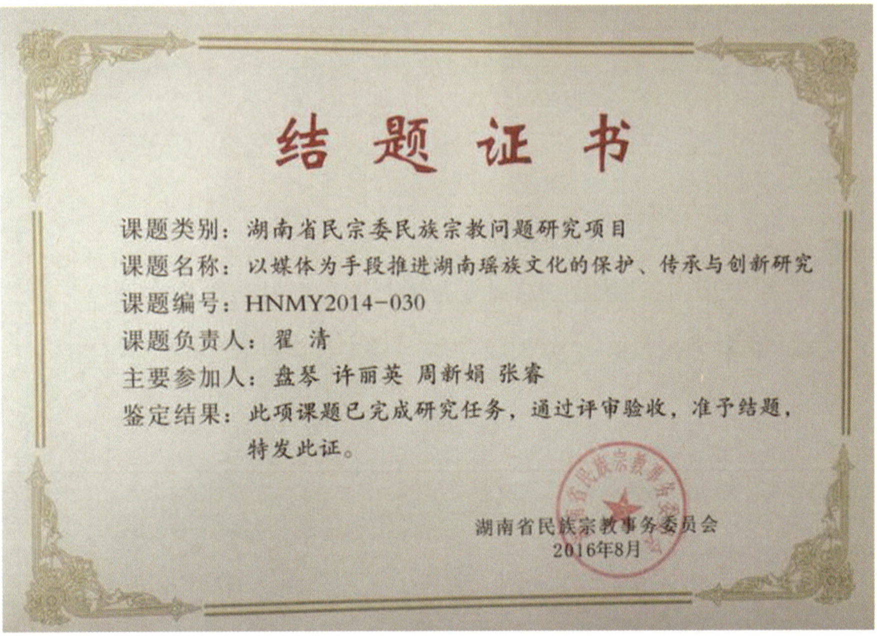

结题证书

课题类别：湖南省民宗委民族宗教问题研究项目

课题名称：以媒体为手段推进湖南瑶族文化的保护、传承与创新研究

课题编号：HNMY2014-030

课题负责人：翟 清

主要参加人：盘琴 许丽英 周新娟 张睿

鉴定结果：此项课题已完成研究任务，通过评审验收，准予结题，特发此证。

湖南省民族宗教事务委员会

2016年8月

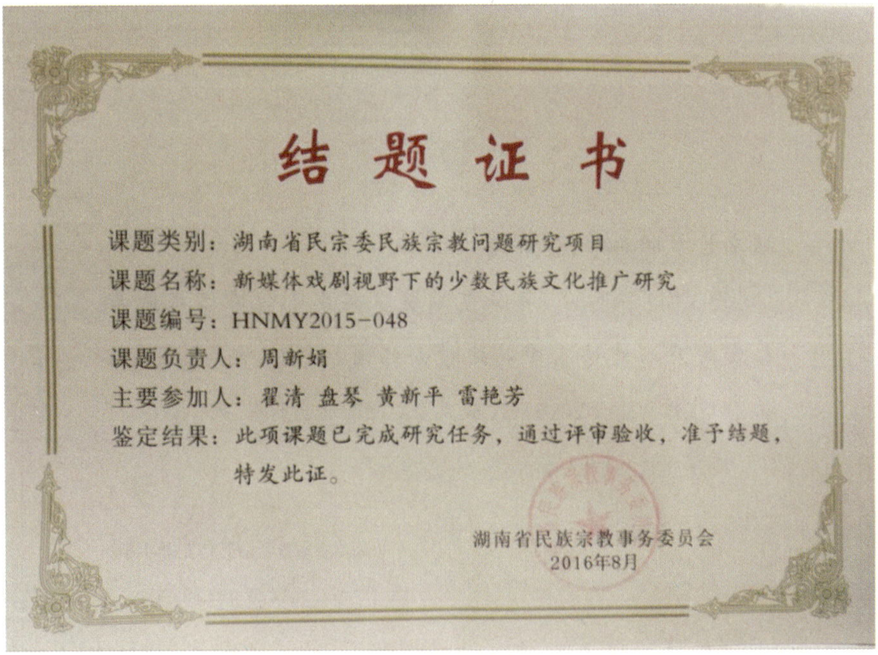

结题证书

课题类别：湖南省民宗委民族宗教问题研究项目

课题名称：新媒体戏剧视野下的少数民族文化推广研究

课题编号：HNMY2015-048

课题负责人：周新娟

主要参加人：翟清 盘琴 黄新平 雷艳芳

鉴定结果：此项课题已完成研究任务，通过评审验收，准予结题，特发此证。

湖南省民族宗教事务委员会

2016年8月

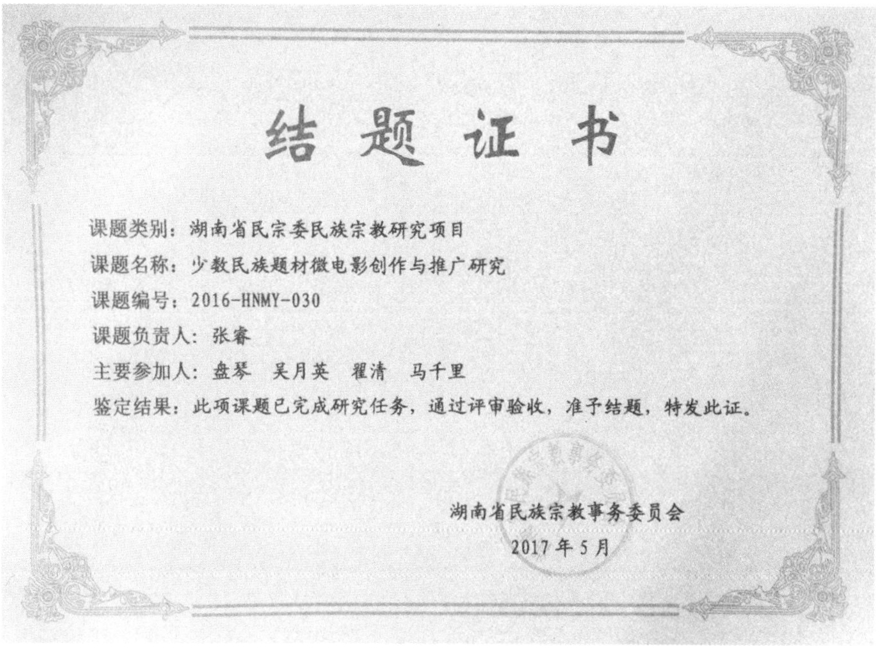

结题证书

课题类别：湖南省民宗委民族宗教研究项目

课题名称：少数民族题材微电影创作与推广研究

课题编号：2016-HNMY-030

课题负责人：张睿

主要参加人：盘琴　吴月英　翟清　马千里

鉴定结果：此项课题已完成研究任务，通过评审验收，准予结题，特发此证。

湖南省民族宗教事务委员会

2017年5月

项目通知

湖南省财政厅

湘财教指〔2015〕128号

湖南省财政厅关于下达2015年第四批文化事业建设费的通知

省直相关单位，相关市财政局：

经研究，现下达你单位（市）2015年第四批文化事业建设费　　万元（2015年政府收支分类支出功能科目列“2079999其他文化体育与传媒支出”，经济科目列“30299其他商品和服务支出”）。详细安排项目见附件。

接此通知后，请迅速将资金拨付到项目单位，并加强监管和绩效评价，确保专款专用，切实提高财政资金使用效益。

附件：2015年第四批文化事业建设费安排表

湖南省财政厅

2015年9月2日

附件：

2015年第四批文化事业建设费项目安排表

单位：万元

省直单位及市县名称		项目	金额	备注
合计			941.48	
省直单位小计			846.48	
省文化厅	湖南艺术职业学院	话剧小品《天堂瑶寨》创排经费	5	
省演艺集团	小计		301.48	
	省杂技艺术剧院有限责任公司	艺术创排及设备购置经费	150	
	省话剧院有限责任公司	话剧小品《十六岁的雨季》创排经费	5	
	省歌舞剧院有限责任公司	《桃花源记》创排经费	146.48	
韶山管理局	韶山毛泽东纪念馆	维修购置补购	490	
湖南日报社		重要影像资料保存经费补助	50	
市州小计			95	
长沙市	小计			50
	长沙市花鼓戏保护传承中心	话剧《拥抱世界》创排经费	5	
	长沙市文广新局	长沙市后湖文化艺术有限公司对望—中意当代艺术名家作品展览补助	10	
		湖南青云阁文化传媒有限公司新青年一新美术系列展览补助	20	
		湖南　墨文化传播公司首届“家文化”主题全国书法大赛活动经费	15	
株洲市	株洲市戏剧传承中心	话剧《五朵村花》创排经费补助	5	
衡阳市	衡阳市湘剧艺术有限责任公司	湘剧小戏《妈妈，回来了》创排经费补助	5	
邵东县	邵东县绿汀演绎有限公司	花鼓小戏《偷鸭》创排经费补助	5	
岳阳市	屈原管理区花鼓戏演艺有限公司	花鼓小戏《大夫殉国》创排经费补助	5	
慈利县	慈利助瑞凝学艺传播有限公司	汉剧小戏《传家宝》创排经费补助	5	
益阳市	益阳市花鼓戏演艺有限公司	花鼓小戏《牛嫂寻夫》创排经费补助	6	
怀化市	怀化市楚风演艺有限公司	小阳戏《猪嘴铜钱》创排经费补助	5	
永州市	永州市美术馆	书法艺术展览补助	10	

《天堂瑶寨》内容简介

话剧《天堂瑶寨》讲述了大学生赵正梁毕业后毅然放弃工作条件优越、收入丰厚的城市工作，回到家乡瑶寨担任村官，克服重重困难带领寨民们支持国家水利工程建设，重建家园的感人故事。全剧剧情跌宕起伏，矛盾冲突不断：村民们对搬迁工作的不理解，以寨老盘有才为首的村民对赵正梁的种种发难；家人对他放弃优越的生活和工作的不理解，父亲逼迫他辞去村官一职；在寨子遭遇自然灾害时，他全身心地投入村民的抢救中，却没有及时寻找救助自己的家人，与父亲生死相别……他用自己的行动让寨民们认识到搬迁重建不仅是支持国家建设，更是为了寨民们的幸福生活，为了瑶寨的美好明天。

本剧以原生态的瑶族音乐、瑶鼓舞穿插其中，现实与写意手法相结合，节奏紧凑有序，谱写了一曲当代大学生勇于担当的青春赞歌。

剧　本

《天堂瑶寨》

编剧：翟清　周新娟　陈德睿

演员表

时　间　当代

场　地　江华瑶族自治县天堂瑶寨

人　物　村官（赵正梁）　正梁女友　盘有才　村主任　正梁爸　正梁妈　盘有才妻　邱大爷　众村民

幕启

（瑶歌）

山风是瑶家的歌声

山雨也是

小楼村落卧在那薄明的暮霭里

故事也是那般

神秘且冗长

如果你要解读过去

或聆听今日

请你千万别发出声响的

即便是你忘了

也不必有一丝丝悔意

如果你感到故事就在心里

那么

你是幸福的

（宁静和谐的瑶寨，村民享受着恬静的生活）（村口）

众村民齐聚，唱瑶歌，跳谣舞，庆祝盘王节。

村民们纷纷举起酒杯向盘老表示敬意。

村民甲：盘老，这次的盘王节领舞的人选定了吗？

村民乙：盘老就您吧！您是寨子里最有威望的长老，由您来领舞最合适！

盘　老：我年纪大了，应该把机会让给年轻人，我就不凑热闹了！

村主任：我看正梁就很不错，他刚刚获得了县里长鼓比赛的第一名。

盘　老：……（不说话，村民们站在一旁都不说话）

（正梁和女友有说有笑地上场，手里还拿着一套新瑶服）

村主任：正梁，正梁……

正　梁：（转身将衣服递给盘老）盘老，这是我从县里买回来的新瑶服。

（盘老不理他）

村主任：我们正说让你来领舞。

正　梁：（挥手示意）我不行，我不行。

盘　老：（对村主任说）谁跳都行，就他不行！赵正梁你给我听好了，我们这里不欢迎你，你给我滚出寨子。你爹妈怎么养出你这么个不孝子！我们永远都不会搬出寨子。（将衣服打落在地，说完拂袖而去……）

（正梁父母很尴尬地对正梁说……）

正梁妈：走吧，回家吧！别在这里丢人现眼了……

（正梁父母走回家。众人纷纷离开）

（正梁女友捡起地上的衣服，安慰正梁）

女　友：其实盘老人很好，寨子能有今天都是他带领着村民们一砖一瓦建起来的。这衣服你一会儿再给他送过去，再好好和他解释一下。

（从口袋里掏出一个玉米塞到正梁手上）

女　友：我现在去给马大婶送药，等会再来找你。

第二场

盘老家

盘老的孙子蹲在门口的石头上写日记。边看天空边思考，嘴里念念有词……“团聚”。翻着地上破旧的字典。（正梁上）

正　梁：盘老，盘老……

孙　子：叔叔，爷爷不在家。

正　梁：天黑了，你怎么不在屋里写作业？

孙　子：灯坏了，叔叔，你来得正好。“团聚”的“聚”怎么写？我的字典破了，找不到那个字。

正　梁：（从怀中拿出新字典）你看我给你带来了什么。

孙　子：……新字典，太好了，太好了谢谢叔叔！

正　梁：你吃饭了吗？

（孙子摇摇头，正梁从兜里掏出玉米塞给孙子）

正　梁：吃吧，叔叔给你修灯去。

（进屋，帮他把屋里的灯修好）

正 梁：你刚才在写什么啊？

孙 子：我在写作文《我的愿望》。

（将自己写的作文念给正梁听……）

（阿婆提着菜篮子上）

阿 婆：孙子，是阿公回来了把灯修好了吗？

孙 子：不是，是正梁叔叔修好的！奶奶你看，叔叔还送了我一本新字典。

阿 婆：哦，是正梁来了！

（正梁上前接过阿婆的菜篮子，拿出给盘老买的瑶服递给阿婆）

正 梁：阿婆，这是我在县里给阿公带的新瑶服。

（盘老和女朋友从外面走进屋）

阿 婆：老头子，正梁来了，还给你带了新瑶服。

（盘老脸一沉）

盘 老：拿着你的东西走。

阿 婆：老头子，你瞎说什么。正梁，快坐。阿婆给你们倒茶喝……

盘 老：你走，我们家不欢迎你！

将正梁往门外推，已经将正梁推到门口，关上门，正梁在门外敲门。

盘老将瑶服往外一扔，又将门重重地关上，正梁慢慢地捡起地上的瑶服，呆呆地站在原地，久久不愿离去……女友站在一旁，陪着他。

正梁轻轻吟唱起小时候阿公曾教过他的瑶歌。

（切光）

第三场

小溪边

众人在溪边洗衣，洗头，唱瑶歌。

正梁上。

正 梁：（送新瑶服）小涵，这是我妈给你缝制的瑶服。你看喜欢吗？

女 友：呀……真好看（迫不及待地套上衣服）。（问正梁）好看不，像不像瑶族姑娘？

正 梁：瑶族姑娘得会唱瑶歌，会跳瑶舞。

女 友：那你快教我……

正 梁：（不好意思说道）在这儿吗？

（众人笑，随后离开……）

正 梁：那我现在就教你一个最简单的。

（正梁带着女友跳起舞来……跳着跳着，就问道）

女　友：正梁，是谁教你跳瑶鼓舞的？

正　梁：是盘老啊，我们寨子里的小孩都是跟他学的。

（闪回）音乐

画外音：正梁，你是寨子的第一个大学生，你是我们的骄傲，是寨子的骄傲。

众村民：正梁，正梁（挥手告别），别忘了瑶寨，好好上学。

盘有才：正梁，这点钱拿着。

赵正梁：阿公，不（推辞）。您家也不宽裕，这是您和阿婆牙缝里挤出来的钱，留着急用的，给孙子买点吃的。

盘有才：拿着，你出门在外，离家这么远，钱虽不多，也是我们的一点心意（硬塞给正梁）。

赵正梁：阿公，您放心，我一定努力读书，来报答您，报答村民们，报答瑶寨。

盘有才：正梁你可不要辜负村民们。正梁，你是寨子里第一个大学生，你是寨子的骄傲，也是我们的骄傲。

赵正梁：阿公，我早想好了。大学毕业，我就回瑶寨，建设我们的瑶寨。让乡亲们过上好日子，您就放心。

盘有才：正梁，外面才是你的天地，你有出息了，也是给瑶寨争光啊！正梁（拿出长鼓），这是老阿公送给我的长鼓，现在我把他送给你，希望你带着他走出大山，会跳瑶族长鼓，了解瑶族文化。

赵正梁：阿公，您放心。长鼓会给我无穷的力量，也会时时刻刻提醒我，无论我在哪里，我都是瑶寨大山的子孙（打瑶鼓告别）。

（闪回结束）

女　友：我现在才明白了，你为什么坚持要回来建设新瑶寨了……

正　梁：（充满信心的）村民们待我的情意我牢记于心，我一定要通过我自己的努力带领村民们过上更好的生活。

女　友：嗯，我相信你一定能做到的！

正　梁：最近村里频频发生山体滑坡现象，这村民的工作又太难做了，我每天晚上躺在床上都睡不着……

女　友：你也不要太着急，村民的观念也不是一两天就可以转变过来的。而且，我们马上就要开学了，学校的事情也不能耽搁，你赶紧把工作交接一下，过两天我们就要回城了。

正　梁：啊……这么快？可是我这边一时半会走不开呀！明天我还要到县里去开会。

女　友：学校已经打了电话提醒我们准备办理入学报到的手续。而且我们之前已经说好了开学就要回去的。

正　梁：行，等我明天开完会我们就走！

女　友：好，明天你回来我们就走。

（俩人接着唱歌跳舞）

第四场

（大喇叭）老乡们，涔天河水库加高60米，会淹掉天堂瑶寨。国家为了更好地建设乡镇，确保农业灌溉，建设大水电站，发展旅游事业，造福子孙后代，请村里的老百姓识大体，顾大局，做涔天河水库改造扩建的模范，加快移民搬迁步伐。

（盘有才教村民跳长鼓舞，打瑶族毛莱球。村民在树下下棋，村主任在给村民发宣传资料，盘老强忍收下资料，村民甲、乙收资料揉成团扔掉……）

女村民：阿公，正梁哥带着您教他的长鼓舞，到县里去比赛一定能得第一名。

盘有才：现在寨子都要没了，要搬迁了，就算拿第一又有什么用呀。

邱大爷：盘老、盘老，请您快来给我支个招！（盘有才走过来下棋）

盘有才：将军！

邱大爷：姜还是老的辣呀！

（村主任上场发搬迁宣传单。正梁全村大会迟到了，急忙赶回寨子）

村　官：村主任，我来晚了。（气喘吁吁跑上来）

村主任：你胳膊怎么了？

村　官：刚才在回来的路上，正巧碰到盘老的孙子差点被摩托车撞了。我帮他的时候被车刮了一下。不碍事。

村主任：正梁（抚摸正梁的胳膊）。

村　官：村主任，不碍事。

村官妈：正梁，回家，回家。（正梁妈上）

村　官：妈，别拉我，我刚从县里赶回来，路上遇到点急事耽误了，乡亲们正等着我开全寨子的移民搬迁大会，等着我传达县委、县政府的新政策、新精神呐。妈，您可要支持我！

村官妈：（妈妈发现胳膊受伤，关心地问）你胳膊怎么了？

村　官：妈，没事。

村官妈：你爸他……

村　官：妈，您也帮我劝劝爸。

村官妈：你别以为你爸不搭理你，其实你爸一直担心你。听说你开会回来，他急忙就把那只生蛋的老母鸡杀了，正炖在锅上呢，好让你回来喝了补补身子。

走，回家！喝鸡汤去！别在这儿丢人现眼了。走。

村　官：妈，别人不理我，冷淡我，您可要支持我！您回去帮我再劝劝爸爸！咱家一定要先带头签字，乡亲们也就会跟着同意签字的。妈，求您了！妈，儿子求您了！（盘有

才拍桌子，弄倒长鼓）

（远处传来雷声，山雨欲来）

盘有才：正梁啊，你出去读了几年大学，现在回来当了村官，没说带点什么项目回来让村民们脱贫致富，反而要把我们赶出寨子，你真是个没良心的家伙！

村官妈：儿子，回家吧，咱可不在这受冷眼欺负，这工作咱们不做了，回家！（妈妈听了心里难受）

盘有才：不做才好！大家都能安心在瑶寨生活。

村　官：大叔，大婶。大叔，大婶。今天，咱们是响应政府的号召，舍小家，为大家，带头搬迁，一起来共建我们的新家嘛。阿公，不是我没带新项目，有很多的商家、单位，与我们新寨子签订了合作项目，现在的瑶寨，虽景色好，但山体结构松软，随时都有发生危险的可能。就像今年山里雨水多，我爸前些日子就被滚落的山石砸伤了腿。

阿公，现在政府对新瑶寨的建设整体规划，集中安置。您看看，修了水库，以后农田灌溉就不成问题了，修了发电站，咱们以后家家户户用电就不用担心电量不够了，还有利用瑶族的民俗民风开发旅游事业，可以带动周边经济的发展，是为了我们大家着想啊！

村　民：政府的支持力度要大，补偿要多，这样我们才能搬家。

村民甲：我们祖祖辈辈、世世代代都住在寨子里，你这个吃里扒外、胳膊肘往外拐的家伙。你回来就让我们搬出去，妄想！（众村民）妄想。

女村民：我们死都不会离开这里！真是大水冲了龙王庙，一家人不认识一家人。

村主任：乡亲们，别激动，冷静，冷静！政府都会为我们考虑的，请赵书记继续讲话。（粉红色的签字条子发给村民）（村民看，有的把签字条子撕了、扔了）

村　官：大叔，大婶，我们一定要相信党、相信政府，政府为我们安排了宅基地、耕田，就连水电也都已经接通了。

村　民：正梁，不搬，不搬，不然吊脚楼没得住了，山里的苦笋、河里的小鱼也没得吃了。再说，我们搬到了那里，能做什么？不搬（众人喊）。

村　官：大叔　大婶，咱们搬到新农村，那里有宽敞明亮的房子，有自留地，有病可以看，医疗都有保障，更重要的是，孩子们也能够接受更好的教育。我们没有想到的政府都为我们想好了。

邱大爷：想好了？我跑江湖的时候，你还不知道在哪里，你懂个屁！（盘妻上）

村主任：大叔，大叔……

（音乐起，长老出现在高台）

盘有才：老阿公师傅，我无能啊！您辛辛苦苦带领我们建起来的瑶寨，就被正梁这个忘恩负义的小子毁掉了。想当年，您带我们从山顶搬到了山脚下这个地方，您领我们进山砍树，建吊脚楼，为了建堂屋大梁，在砍一棵大树时，我年轻没有经验，大树倒向我这边，这时候，您一把将我推开，你自己却被大树砸伤左臂，就连长鼓也不能打了。您把寨子交给了我，把长鼓传给了我。您放心，我一定保住寨子，人在寨在，人亡寨亡。（冲到了正梁面前，抢正梁包里的长鼓，对正梁说）正梁，你翅膀硬了，我没有文化，讲不过你。今天，就是天王老子来了，我都不签字！你要记住，这才是你的家，你的根在这里。

（盘有才呼吸困难）（师傅淡出）

群　众：让我们搬，先叫你老子搬去。叫我们搬，叫你老子搬。叫你爸签字去吧。（村民们情绪激动，纸片乱飞，甚至扔在他身上。盘有才妻想去制止，却又不知如何是好）

村　官：好！好！好！我就去找我爸，让我爸马上就签字。

村　官：盘老！盘老！

盘有才妻：老头子，老头子，哎呀，不得了了，心脏病又犯了！药没带在身上，这怎么办哪？

正　梁：不要慌，这是我带回来的药！（边说边拿药给盘老含着，慢慢地，盘有才缓和下来并扶他坐起来）

盘有才妻：老头子，你可别吓我。老头子，好些了吗？你这个病可不能激动！万一有个三长两短，你让我和孙子怎么活呀！正梁说得对，如果搬到新地方，生活条件好了，就算生病了也能得到及时的救治，你看咱孙子不也可以上幼儿园了。

村　官：（盘老病有些缓和，慢慢想坐起来）盘老，这些药您拿着，每天按时吃，这个是救心丹，随身带着，以后有什么不舒服的，您就含一片。（把药和衣服递给盘有才，盘有才妻接过）

盘有才妻：正梁，真是让你费心了，没有你，我老头子还不知道会怎么样，太谢谢你了！（盘有才看了一眼，两人下）

村主任：盘老，您回去一定要好好休息，注意身体！（村主任送盘老一家人下）

（村官捡起背包，看着包里的长鼓，思绪万千，打起长鼓，想起乡亲们送他上大学的一幕）

（村主任上）

（雷声渐近）

村主任：正梁，正梁，这移民搬迁真是势在必行啊！我刚才听说寨子东头有山石滚落下来，幸好没伤着人。

村　官：哎！村主任，村民太缺乏安全意识了，这工作太难做了。改变村民们的思想观念怎么就这么难哪！我这好说歹说就是没用啊！

村主任：正梁，你千万不能动摇，这里是生他们养他们的地方，乡音难改，故土难离，也是可以理解的，也给乡亲们一些自己思考的时间。你有文化，你大学毕业能回到家乡搞建设，对我们来说就是一种精神动力。功夫不会辜负有心人的。你放心，正梁，我再去看看。（村主任下）

（女友拎着行李上场）

女　友：（朝正梁说道）正梁，走吧！（朝他手中望去）你的行李呢？

（正梁看着小涵，不说话）

女　友：我们昨天不是说好了吗！

正　梁：……我……（想解释，又不知道说什么）

女　友：要是我们现在不回去，学校就会取消我们的入学资格！

正　梁：我知道，可是我现在不能走！村主任刚和我讲山里又发生了滑坡，山石滚落幸好没有砸到人。在这个紧要关头，我就更不能走了！

女　友：（默默听他说完）行，你就留下来当你的村官吧！

（转身离去，正梁追上去）

正　梁：小涵，我找个人送你。

女　友：（生气的）不用了，我自己会走！

正梁站在原地，心里很不是滋味。学校电话响起。

（画外音）赵正梁同学，请你务必在两天之内赶回学校，办理入学手续！否则将取消入校资格！

（切光）

第五场

正梁家

正梁的行李散落一地

村官妈：正梁，你可算回来了。这工作咱不做了行不行，天天受气。爹妈心里也不好受。你看，我们邻里之间都生疏了好多。你爸也是好强、爱面子的人，这一口火上来一病就好几天，没起来，也不能下地干活了。

村官妈：正梁，你太让你爸失望了！你是寨子里第一个大学生，寨子里都为你骄傲、自豪。大学毕业也想你出人头地，没料想，你不好好在外面发展，光宗耀祖，反而又跑回山沟里来了。你让你爸妈的老脸往哪儿搁？怎么，你难道一辈子待在寨子里，和你爸一样受苦受累？再说了，你这研究生马上就要开学了，我和你爹还等着你和小涵研究生毕业，赶紧结婚，给我生个乖孙子呢！

村　官：妈，你说的都对，我也理解你的想法，但我出去只是一个人，我们得让更多的孩子更多的人走出大山。妈，瑶寨没了，我们可以搬到新农村去，条件好着呢，还可以重建新瑶寨啊。妈，走，我去和爸好好解释。

村官妈：外面再好，我们都不想搬走。（父亲一瘸一拐地上台，拄着拐杖，脱下鞋子打孩子。妈妈忙拦着）

村官父亲：我叫你搬迁！我叫你移民！我叫你新农村！（用拐杖打孩子，没打着，脱下鞋子向儿子摔去）

村　官：爸，爸，你的腿……又犯了。（村官爸不理，村官捡起鞋子给爸穿上）

村官爸：不用你管，滚开。（正梁被父亲推倒，一屁股坐在地上。父举起拐杖就打，没舍得打在孩子身上，狠狠地打在地板上。正梁突然一下跪在父亲面前）（雷声响彻天空）

村　官：爸……

村官爸：你这不争气的东西！

村　官：爸，我知道，从我懂事的时候起，就看到你到山上种树，小时候，咱家条件不好，您清早起来，就背着树苗上山种树，天黑才回来，有时候甚至就带几个红薯，几天都不下山。我能读大学，就是您种的一棵棵树苗供出来的，您跟我妈省吃俭用，就是为了我在外边不受委屈。（母亲流着泪）爸，现在这棵树苗长大了，成材了，要成为栋梁之材。我现在回来当村官，我知道，您心里不高兴，觉得没面子，没出息，没有到外面去发展。但是，我是在寨子里长大的，我知道咱这需要有知识有文化的年轻人来改变现状。但是爸爸，您和妈妈培养我，不就是为了盼我能干出一番事业！现在我回家做村官，虽然没有在外面就业来得体面，但能让养我的瑶寨美起来，让乡亲们富起来，这不是最体面的大事吗？我们现在搞移民建水库，也就是为了我们的子孙后代以后能生活得更好。

村　官：我到县里给你又换了几种膏药，我给您贴上。（包里拿）

村　官：爸，等咱们搬到新农村，那儿的医疗条件比这好多了。

村官爸：我哪里都不去！

村官妈：老头子，儿子大了，有出息了，咱就听儿子的吧，就把字签了吧。

村官爸：我不签。除非让我死！

赵正梁：爸，你真是顽固不化。

村官妈：你俩在胡说什么。正梁啊，你怎么能这么对你爸说话。你看，小涵那么好的姑娘都被你气走了。

赵正梁：妈，你少说两句行不行！

（正梁爸冲到舞台中间捡起行李箱）

赵正梁，你给我听好了，你给我走，回城里找份工作，否则就别想进我的家门。

赵正梁：走就走，走就走。（正梁背着包转身离开，发现包里的长鼓，放在桌上）

村官妈：正梁！正梁！

（拿起桌上的长鼓追出去）

（切光）

第六场

（雷电交加，正梁从高台走上来，村主任从高台的另一侧上）

（起光）

村主任：正梁！正梁！我正要找你，你这是去哪啊！

赵正梁：这是我的辞职信，我要回城！

村主任：你这是怎么了。

赵正梁：干不下去了！

村主任：都这个节骨眼上了，你就别闹小孩子脾气了。

村主任：正梁，正梁，我刚听说邱大爷家的吊脚楼被山石砸坏了，你看这大雨马上就要来了。咱俩分别到乡亲们家看看。我去邱大爷家。你先去广播站播放通知，让村民注意安全，以防不测，再去盘老家。

（音效、雷声）

赵正梁：好。

（音效，轮廓光起）（广播喇叭播报通知：村民们，村民们，请大家注意了。据天气预报，今天有暴雨。目前村东头有山石滚落下来，非常危险，请加强安全防范，以免意外发生）小涵拎着急救箱急匆匆地上场。

（傍晚，下起瓢泼大雨，突然电闪雷鸣，雨下得更大了，寨中出现大面积山体滑坡，一大片吊脚楼被山石压垮。众村民纷纷奔走呼喊，狗吠、鸡鸣、猪叫、小孩的哭声，牲畜被水冲走，很多人受伤）

（广播喇叭播放通知：请全体村民注意，现在雨越下越大，山石滚落越来越厉害了，请赶快到空旷的地方或村委会躲避）（反复播放）

（村官奔赴受伤现场，投入紧张的抢救。村民们纷纷参加救灾）……（音效，用肢体写意手法表现灾难）

村　官：喂，喂！乡政府办公室吗，我是天堂瑶寨赵正梁，向您报告，我们寨子因为下大雨发生山体滑坡，有人受伤，房屋倒塌，具体灾情尚不清楚，请求政府支援。（村官向上级电话报告灾情后，马上投入抢险救灾当中）

（舞台上散点，第一点，小涵帮孕妇接生；第二点，盘有才躺在门板上；第三点，受轻伤者简单包扎救治……）

村　官：乡亲们，政府已经知道我们受灾的情况了，110、120救援队伍正在来的路上，请大家安心等待。

村　民：正梁，正梁，你快过来看看，老头子受伤了。

赤脚医生：我已经帮盘老止血，暂时没有生命危险。

村　官：盘老，救护车很快就到。

盘有才：正梁，别管我，快去找找你爸妈！

（村民扶着正梁妈妈从高台上，妈妈扑在正梁怀里，悲痛欲绝）

村官妈：正梁，你怎么不回来救你爸呀。

村　民：正梁！正梁！

（4个村民抬着正梁爸的遗体走上高台，正梁和妈冲上高台，坐在父亲旁边。小涵从

人群中走上前站在正梁身后）

村官妈： 老头子你撇下咱娘俩，你让我怎么活呀！正梁，你爸返回去拿长鼓而被滚落的山石砸着，要不然也不会死。你爸临死的时候怀里还紧紧抱着长鼓和你给他买的药。

村　官： 爸！爸！（众村民肃穆）

（跪在爸爸面前，为爸爸整理遗容）

小　涵： 爸，爸！

正　梁： 爸，孩儿不孝！您放心，我一定会好好孝顺妈的。（说完给爸爸磕了三个响头）

盘有才： 正梁爸，对不起，如果我早点同意签字，就不会有今天。我有罪，有罪呀。

（正梁冲上来抱住阿公）

村　官： 阿公，我不孝啊！

盘有才： 孩子，哭吧，阿公知道你委屈。

村　官： 村民们不理我、埋怨我，我都能理解，但是却连累了爸妈，跟我一起遭受冷落。

盘有才： 孩子，阿公对不起你，我们一定会搬出大山，再不让村民们受无辜的伤害！

（阿公慢慢地拿起长鼓，慢慢站在起来，对大鞠躬，正梁接过长鼓，全体村民怀着悲痛的心情举起长鼓对正梁爸鞠躬。正梁有力地、慢节奏地围着父亲的遗体打起长鼓，众村民也加入打长鼓的行列）

盘有才

（起光）（老阿公站在高台）**（定格）**

师傅，我辜负您了，我本应把您带我们建的瑶寨保住。但是年代久远，灾害不断，如果现在不搬，就可能会有更多无辜的人死去，会永远离开瑶寨呀。我知道，您是希望我们都能过上好日子，安居乐业，夜不闭户，路不拾遗。以前，当我们从山顶搬到了山脚，虽然很艰苦，但是我们的生活不也是一天比一天越过越好。俗话说，树挪死、人挪活。现在，树挪了也能活，何况咱们瑶族是迁徙的民族，有更强大的生命力。现在，国家搞移民搬迁，也是为了我们子孙后代能生活得更好。瑶寨没了，我们在新的地方再建瑶寨，我们把瑶寨的风俗带到新的地方去，唱着瑶歌，打着瑶鼓，在哪里都是瑶寨呀。来，正梁，把搬迁协议拿来，签字。

众村民： 签字！签字！（众人跳起长鼓舞）

（切光）

尾　声

（起光）

几天后　村委会集会点（村主任和盘有才上）

村主任：正梁，阿公身体还没恢复就来了，我拦都拦不住，一定要过来谢谢你。

盘有才：正梁，这一次真的谢谢你，不但救了我，救了我老婆子，还救了我孙子，要不是你啊，我们家就绝后了。要不是为了救我们，你爸也不会……哎！

村　官：阿公，阿公，不要谢我，这是我应该做的。

外出务工人员：阿公，你做得对！搬到新瑶寨，就再也没有这些危险，我们也不要外出打工了。我们都回来，和大家一起建设好新家。（灾难中受伤的人们纷纷把签了字的搬迁协议交给村官）

盘有才：正梁，这是你送给我的那套新瑶服。

村　官：（村官把新瑶服给盘有才穿上）您的话我一直铭刻在心。阿公，我知道您心里的苦，不舍得离开瑶寨，但无论去到哪里，住在哪里，我们对瑶山的感情都不会改变！

村主任：盘老，您老识大体，顾大局，有了您老的大力支持，我们瑶寨的移民搬迁工作一定会顺利完成。

盘有才：正梁，寨子就交给你了（握住村官的手）。

村　官：请相信，只要我们大家共同努力，咱们一定会建设一个设施齐全、和谐、美丽的新瑶寨！

盘有才：别忘了把瑶歌、长鼓，永远传承下去！

村　官：传承下去！

（瑶歌唱起来，瑶鼓打起来，一同向往着美丽的新瑶寨）

（瑶歌）

酋长的威严里藏着慈祥
少女的双眸里藏着希望
无数双的眼睛
都注视着一个地方
那里有自天而降的蓝色头巾
有盘王之女指向的期待和向往
那便是从瑶山通往前方……
幕落

剧　终

2015年1月17日

音乐主旋律谱

盘王之女

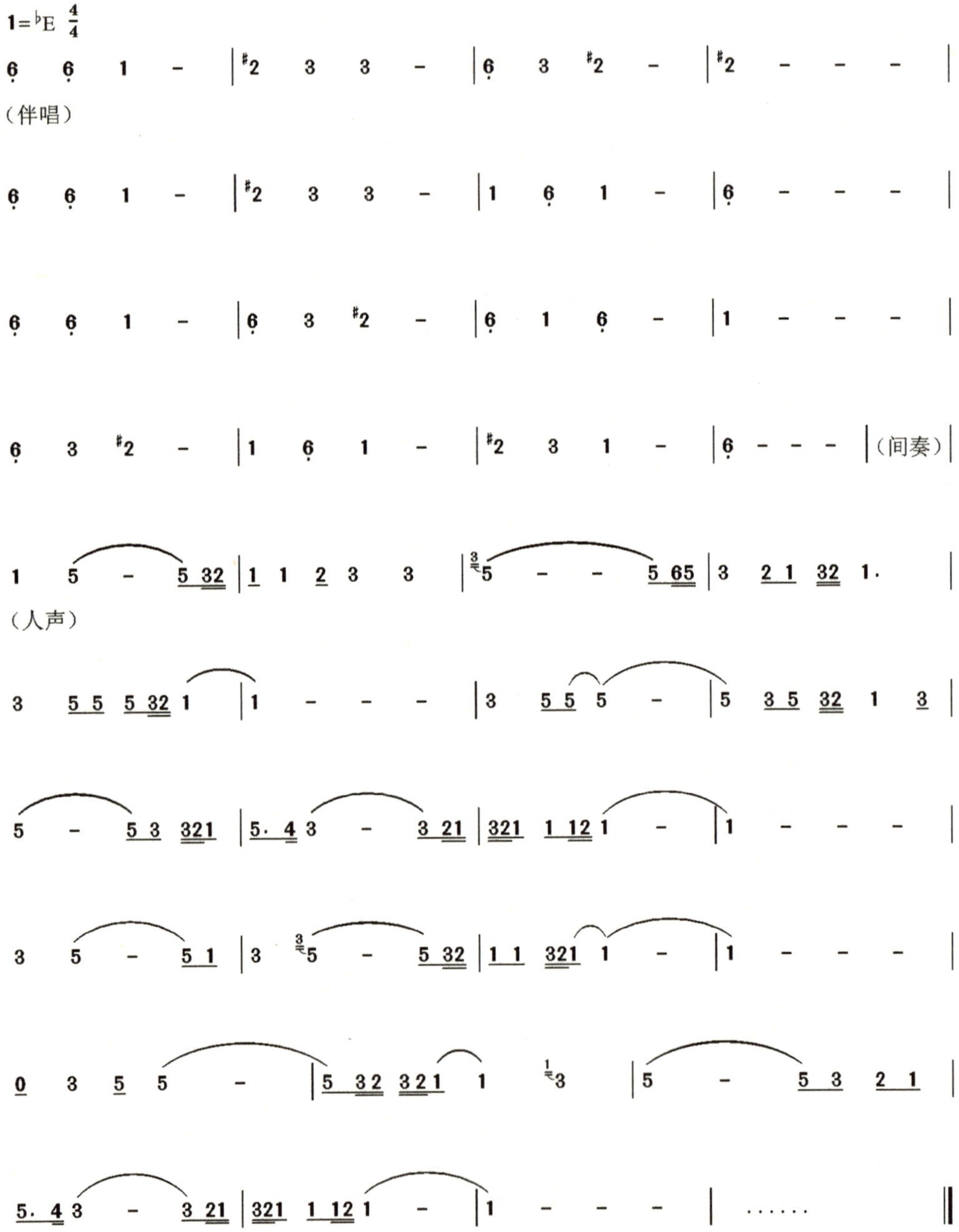

1. 该剧主题歌《盘王之女》是瑶族语言演唱的原生态歌曲，选自我院盘琴老师的专辑《盘王之女》。

2. 该剧中原生态瑶族民歌与现代电声音乐融合相得益彰，展示了古老音乐充沛的生命力和保存传统音乐遗产的成功典范。

《盘王之女》专辑封面

1. 专辑封面

2. 歌曲名称

① 主题曲：《盘王之女》

② 插曲：《过山瑶》《蝴蝶歌》《心愿》《生在云端》

3. 话剧《天堂瑶寨》主题曲及背景音乐目录

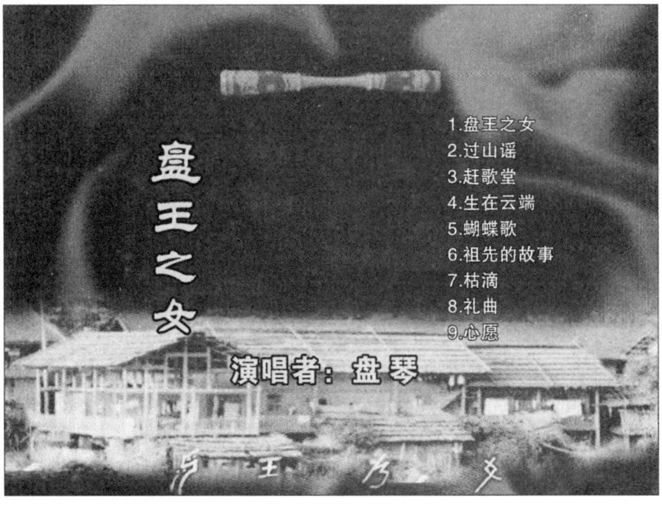

主创人员谈创作

一、导演阐述

话剧《天堂瑶寨》导演阐述

沐浴着党的阳光，在祖国和人民抚育下幸福成长起来的大学生肩负着祖国建设的责任和义务。“富强、民主、文明、和谐、自由、平等、公正、法治、爱国、敬业、诚信、友善”的社会主义核心价值观倡导当代大学生要具有崇高理想，将造福家乡、造福社会作为自己的就业导向和人生奋斗目标。本剧目将毕业大学生回家乡担任村官，挑起建设新瑶寨的故事题材在舞台上感人呈现。

（一）主题思想

本剧通过当代大学生赵正梁学有所成，毕业后毅然放弃工作条件优越、收入丰厚的城市工作，回到家乡担任村官投身到家乡的建设中，克服重重困难担起瑶寨移民搬迁的重任，体现当代大学生勇于担当、牺牲小我、成就大我的奉献精神，努力为实现社会主义现代化建设奉献青春和热血，不懈追求造福家乡、造福社会的人生奋斗目标，倡导了大学生新的择业就业观，传播了时代正能量，弘扬了爱国、敬业、诚信、友善的主旋律。同时整个剧目将瑶族民族特色、风土人情有机地融为一体，展现人们共建美好家园奔小康的中国梦！

（二）内容简介

《天堂瑶寨》讲述了当代大学生赵正梁毕业后主动请缨担任村官，回到家乡——天堂瑶寨工作的故事。为了配合国家水利建设工程的顺利实施，也为了改变天堂瑶寨村民的恶劣生活条件，担起了移民搬迁的重任，甚至放弃了回城深造的机会，导致和女友的争吵，引起全体村民对他的决定不理解，认为这是背离祖宗的表现，也是对世代生活在这里的人们的侮辱，因此受到了以寨里德高望重的盘有才为首的瑶寨村民的强烈反对。

在一次暴风雨中，瑶寨由于特殊的地理位置，发生大面积的山体滑坡。在全寨生死存亡的关头，村官赵正梁在灾难面前镇定自若，一心想着寨里的村民，不顾自己和家人的安危，想方设法营救盘有才一家，女友也回到瑶寨帮助他一起组织村民有序撤离，抗灾抢险。当村民得到及时营救没有生命安危时，赵正梁才长长地舒了一口气。他下意识地环顾四周，却没有看到自己的父母。此时，就听见村民呼喊他的名字，但不幸的是，他年迈的父亲没能在第一时间得到营救，被垮下的山石夺去了宝贵的生命。当村民心情沉重地抬着自己父亲的遗体，并告知他这一噩耗时，他再也控制不住自己，猛冲过去，扑在父亲的身上，悲痛、委屈、遗憾、无奈、不孝……逝者已逝，生者还将重建家园，强忍住心中对父亲无尽的遗憾和泪水，他调整好心态，整理好父亲的遗容，以父亲的死为例再次劝说村民离开环境恶劣的瑶寨，支持国家的水利工程建设，实现功在当代、利在千秋的搬迁重建工作。他用自己无私的行动感动了乡亲们，让受伤的村民在自然灾害面前看到了闭塞和落后的瑶寨，在依依不舍中纷纷在搬迁协议书上签字。

矛盾冲突：

1. 赵正梁与瑶寨村民们的矛盾。

体现为赵正梁回到家乡，以大学生村官的身份挑起了移民搬迁工作的大梁。他极力劝服家乡人民移民搬迁，支持国家建设，但是得不到大家的支持和理解，致使他的工作困难重重。

2. 赵正梁与瑶寨长老盘有才的矛盾。

盘有才是瑶寨德高望重的长老，对于移民搬迁的事情他非常抵触。赵正梁工作的重心一直是围绕长老盘有才展开，他们两人之间的矛盾是剧情发展的主线。

3. 赵正梁与家庭的冲突矛盾。

赵正梁与家庭的矛盾主要集中在他与父亲之间。父亲与赵正梁的矛盾可以分为两个部分，一是对于他大学毕业后放弃城里体面的工作和丰厚的薪酬选择回到家乡任村官表示出极大不满；二是气恼他回来不为大家做实事，反而要让大家搬离生活了一辈子的家乡。

4. 寨老与村官父母的矛盾。

一是鄙视村官父母；二是没有救村官父亲而是救了寨老。

5. 盘晴与村民的矛盾冲突。

盘晴劝导村民移民搬迁，没有支持村民的意见，被误解、被冷落。

6. 盘晴与盘老的矛盾冲突。

盘晴想把外公的坟迁到新瑶寨，盘有才训斥她大逆不道、忘恩负义。

7. 赵正梁与女友的矛盾。

没有遵守和女友之间的约定，及时返校入学。

8. 自然灾害与瑶寨的矛盾。

环境恶劣的寨子抵抗不住自然灾害，让无辜的人离世。

9. 瑶寨旧思想与科学发展的矛盾。

国家大力建设乡镇，修建水库，发展农村经济，移民搬迁能够带给瑶寨更好的发展。可是在大山里生活了一辈子的村民们并不能体会到科学的发展带给他们的便利和好处，不愿意搬离自己生活了一辈子的地方。这是全剧的最根本的矛盾。

该剧为大型话剧，以时间顺序稳步推进，故事情节环环相扣，节奏张弛有度，人物形象鲜明，矛盾冲突尖锐。瑶族文化也在剧中得到了充分体现，原生态音乐的运用让整部剧充满民族和地域特色。

（三）艺术特色和价值意义

1. 艺术特色

（1）创意构思

习近平主席曾在大学生“村官”座谈会上强调，大学生村官是加强中共基层组织建设和推进社会主义新农村建设的重要力量。作为湖南唯一一所公办艺术类院校，我们也同样面临着大学毕业生择业、就业问题。如何引导、激励大学生在激烈的市场竞争中找准自己的定位，回报家乡、回报社会一直是学院探索和思考的问题。服务社会主义新农村的目标，到农村艰苦创业，推动农村发展和进步，在农村干出不平凡的功绩，大学生村官的出现给我们指引了新的突破口。此时，一批大学生村官投入湖南省江华瑶族自治县涔天河水库扩建移民工作中。在此项工作中，大学生村官虽然面临重重困难，但冲破阻力，增进同农民的感情，赢得他们的信任，积极推进移民搬迁工作。以他们为蓝本，一部以当代大学生村官在移民搬迁工作中为题材的话剧就应景而生。剧目塑造了一位信念坚定、勇于担当的大学生赵正梁，带着理想和激情，在农村基层扎实工作，锻炼成长，默默奉献，无怨无悔，为实现自己的梦、家乡梦、中国梦贡献力量的典型人物形象。同时，从一个侧面折射出大学生的责任感、使命感，地方有许多重要的岗位，等着人去承担，基层有许多广阔而坚实的舞台等着人去施展，此举不仅是基于思想觉悟的道德倡导，更是人尽其才的就业方向。“实现中国梦，青春勇担当”。让我们看到一位坚持不徇私情、为民办事、舍己救人、甘于奉献的大学生村官的感人故事，也向大家展示了当代大学生从“象牙塔”走向田间地头，在建设新农村、服务群众中砥砺青春、书写人生的同时为当代大学生“天之骄子”在择业、就业、创业观念方面提出深度思考。大学生看了该剧能让他们的思想有些触动，改变观念，正确选择人生方向。同时，观众在欣赏剧目时也对大学生的人生观、价值观的取向有更深刻的认识，对瑶族文化有直观的感悟，对非物质文化遗产起到积极宣传的作用。

（2）风格样式

本剧艺术特色鲜明，在表演部分力图接近生活，主要使用现实主义表演形式，采用生活化的表演风格，杜绝夸张、做作，剧中台词也是从角色出发来创作，尽量做到生活化、口语化，但在山石崩塌、救人抢险桥段，用舞蹈、肢体语言、写意的手法来表现。

（3）音乐设计

剧中音乐是以瑶族人民生活为背景创作的原生态瑶歌，在音乐中我们能感受到瑶寨的秀美与温婉、朴实与热烈。

① 该剧主题歌《盘王之女》是用瑶族语言演唱的原生态歌曲，选自我院盘琴老师的专辑《盘王之女》。

② 该剧中原生态瑶族民歌与现代电声音乐融合相得益彰，展示了古老音乐充沛的生命力和保存传统音乐遗产的成功典范。

（4）舞美设计

① 环境：在舞美方面，主体采用浮雕、线雕的写意手法和风格，同时也穿插 LED 屏为天幕，即大写意小写实，把瑶寨的自然景象与舞美道具融合起来。

瑶寨里村民穿着瑶服聚集、休闲之地：山坡、古树、石桌、石凳、标语等，强调地域特色。

② 功能：演出中通过人物造型和景物造型塑造人物形象，创造和组织戏剧动作空间，表现动作发生的环境和地点，创造剧情所需的情调和气氛。

③ 效果：通过形象的创造帮助演员揭示人物的内心世界和剧本所表现的思想内容等。

（5）灯光设计

灯光则力求朴实自然，总体追求暖色调，为剧中人物营造一种温暖的氛围，灾难的场景则用灯光来渲染。

2. 价值意义

（1）体现了敢想、敢拼、敢为天下先的湖湘文化

《天堂瑶寨》是一部现实主义题材的大型话剧，紧扣时代主题，故事背景发生在古老的瑶族寨子里，剧中处处可见原生态文化的体现。借助 LED、新媒体制作等新媒体宣扬大学生担任村官的积极就业观，用所学知识改变家乡，投身社会主义现代化建设，体现了湖南人敢想、敢拼、敢为天下先的湖湘文化。

（2）传承和发展了瑶族文化这一非物质文化遗产

剧中人物的服装、头饰、道具等全部来自于古老的瑶寨，剧中的瑶歌、瑶舞和瑶鼓更是瑶族文化的典型代表。在全剧中融会贯通地使用独具瑶族特色的音乐、长鼓、舞蹈等民族元素，传承和发展了瑶族文化这一非物质文化遗产。

（3）为研究瑶族文化、瑶族音乐提供一定的借鉴

本剧通过原生态的瑶歌、瑶舞、瑶鼓的运用，使得瑶族非物质文化遗产得以传承、发展、创新，让瑶歌、瑶舞、瑶鼓等瑶族传统艺术文化得到更广泛的传播，将瑶族音乐、风俗、文化等有机地融为一体，创作弘扬中华优秀传统文化，弘扬民族精神和时代精神的艺术作品，为研究瑶族文化、瑶族音乐提供一定的借鉴。

二、服装设计

用民族特色来塑造人物——话剧《天堂瑶寨》造型设计随想

胡　静

《天堂瑶寨》是我校师生自编、自导、自演的一部话剧，剧中讲述了大学生赵正梁大

学毕业后毅然放弃了条件优越、收入丰厚的城市工作，回到家乡瑶寨担任村官，克服重重困难带领寨民们支持国家水利工程建设，进行移民搬迁，重建家园的感人故事。我在话剧《天堂瑶寨》中担任造型设计工作，全剧以原生态的瑶族音乐、瑶鼓瑶舞穿插其中，现实与写意手法相结合，节奏紧凑有序，谱写了一曲当代大学生勇于担当的青春赞歌。

戏剧作为一门综合艺术，戏剧人物造型设计是其中一个不可分割的组成部分。戏剧人物造型设计以服装、化妆作为载体，可以体现出剧本主题，烘托出剧中人物形象，是艺术与生活的一个缩影，是源于剧本又高于剧本文字形象的具体表达。戏剧人物造型设计的过程是提炼于生活又不完全照搬生活的设计实践，是形象创意与逻辑思维的交流融合。造型设计师通过具体的形象为载体实现真实生活的镜射，是真实生活理想化的描绘，更是剧本创作思想的形象表达。

在戏剧造型设计中，当代农村题材的剧目，既没有古装戏剧绚丽夺目的服饰、装饰，也没有写意戏剧创意独特的造型、装置，在造型设计上是不容易"出彩"的，也是特别容易"出力不讨好"的，过度的突出或者削弱对人物造型的修饰，都不能塑造出深入人心的人物造型。话剧《天堂瑶寨》的故事背景就是发生在现代少数民族的村寨中，而且又一部独幕剧，因此在舞美设计上没有太多"花哨"的装饰，背景道具都比较简单，凸显出少即是多、简即是美的审美风格。所以造型设计也因此受到了很大的限制，于是在创作初期通过与导演的沟通交流，在造型设计上以写实为主，以民族特色的服饰、妆饰来体现角色形象，人物塑造尽量朴实简单，从时代性、观赏性、个性化等多元的审美需求出发，力求用朴实的民族特色来诠释出深入人心的角色形象。根据剧本的要求、根据导演的风格来制定主题风格，根据演员的外形条件、根据演出的需要来塑造具体角色的形象。

话剧《天堂瑶寨》的故事背景是发生在当代的永州江华——天堂瑶寨里的故事，瑶族是我国一支古老的少数民族，主要分布在我国广东、广西、湖南、云南等省份。传说中的瑶族祖先为盘瓠，瑶族人主要居住于山区，村寨经常会坐落在山地周围，选择树林茂密、风景秀丽、水源充足的地方大分散、小聚居，是一个比较典型的山地民族。瑶族有自己的语言，通用汉文，但是瑶族的支系比较复杂，各地在语言文化、风俗习惯、穿着打扮等方面差别也是很大的。因各地瑶族不同的生产方式、居住环境、服饰文化、风俗习惯等方面的差异，又有"茶山瑶""盘瑶""山子瑶""顶板瑶""花篮瑶""过山瑶""白裤瑶""红瑶""蓝靛瑶""八排瑶""平地瑶""坳瑶"等称谓之别。中华人民共和国成立后，将这些瑶族的支系统称为瑶族。

《天堂瑶寨》在造型设计伊始就在多方面打下了坚实的基础，首先我们专程到了剧中故事的发生地——永州江华进行实地采风，访问苗寨里的寨民，了解当地的民族、环境和风土人情，拍摄了大量瑶族传统服装、妆饰的素材。又通过各种渠道，搜集了很多相关书籍、资料和图片。通过以上的方法让我们对瑶族的传统服饰文化有了更深层次的认识，了解了瑶族的特色文化，了解了丰富多彩的瑶族服饰色彩、服装图案、服装款式和妆饰造型。

作为全剧的造型设计师，在创作中既不能全盘照搬原始材料，也不能脱离主题过于“原创”。通过对这些资料和素材的整理、分析、提炼，绘制了大量的设计草图。并且仔细研读剧本，分析人物所处的时代、年龄、生活环境、职业身份等因素，捕捉剧本中对人物造型塑造有意义的文字描写信息，有针对性地进行设计创作，把素材、文字转化成生动的剧中人物形象。在本剧造型设计上，我大量参考了瑶族的传统特色文化，以瑶族的服装、妆饰作为其民族独有的标志性符号，主要从服装设计和造型妆饰两个方面进行创作。

（一）造型设计中的服装设计

在造型设计中的服装方面，主要通过服饰色彩、服装图案、服装款式这三点来进行设计创作。在服装色彩上，早在《后汉书》中就有瑶族先民“好五彩衣服”的记载。瑶族传统服装以青蓝两色为主色，装饰以瑶族喜爱的“五色”作为辅色，这五色分别指的是现代色彩构成里的三原色，即“红色、黄色、蓝色”以及两种无彩色“黑色、白色”。史料上也记载瑶族妇女精于蓝靛印染，至今仍保留着一套完整的印染技术，她们从天然的蓝草中提取蓝靛作为染色剂，加入一定比例的白酒，经过草木驮过滤、发酵后便可染布，通过蓝靛印染、蜡染、扎染等印花技术，制作出了颇具瑶族特色的“瑶斑布”。话剧《天堂瑶寨》在服装的整体色彩上也是以青蓝色为主色调、装饰五色为基础来进行设计创作的，传统的“瑶斑布”在剧中的造型设计中也有所使用。

在服装图案上，瑶族传统文化的象征和标志是以“盘瓠”为代表的图腾，瑶族男女身着花衣，就是出于对其始祖盘瓠的图腾崇拜。传统的瑶族服饰是非常精美而且很有本民族特色的，瑶族妇女善于刺绣，无论男女大都在领边、袖口、襟缘、裤脚、胸襟两侧等处绣上各种图案纹样，色彩斑斓，这些是大面积挑花或织花。瑶族服饰上的花纹皆为几何形图案，与苗、彝等族刺绣多用曲线图案迥然不同，是非常具有瑶族特色的图案。作为造型设计师，对于图案的使用和再创作是非常重要的，用得恰当可以让整体造型既保留民族传统特色又不失时代特征。

在服装款式上，瑶族传统男装的款式以短衣、长衫为主，衣襟的款式有对襟、斜襟、琵琶襟。瑶族传统女装的上装款式主要有无领大襟上衣、无领短衣，下着长裤，或者短裙、百褶裙，以带系腰，瑶族男女都习惯缠头巾、扎绑腿。

（二）造型设计中的妆饰造型

为了塑造生动鲜明的人物形象，真实地反映生活，造型设计在全剧的创作中有着至关重要的意义。传统瑶族男子喜爱蓄发盘髻，女子也会把头发织成辫子盘绕在头顶。在剧中我们设计了男性、女性用的不同颜色、图案的头巾，并且在头巾上设计了很多个性化图案的装饰，这样的头巾设计更适应演出的需要和剧情的发展。传统瑶族妇女的头饰式样繁多很有特色，瑶族女性喜爱以银簪、银花、银串珠、弧形银板等银饰品配以彩色丝带作为头饰，精美别致。不同年龄阶段的女性在配饰上也有很大的不同，少女、未婚或已婚妇女可以从饰品上加以区别。瑶族人在重要的场合或者是节日，还会在胸前佩戴各色银牌，琳琅美观，甚为引人注目。不少瑶族妇女除上衣饰有银牌外，还戴银手镯、耳环、项圈、头钗、头针等作为装饰。考虑到现代的着装习惯，我保留了瑶族特色妆饰品的使用，但是对传统的妆饰品做了一些“减法”处理，让这些妆饰更符合剧情安排和演出需要。

话剧《天堂瑶寨》的角色有很多，年龄跨度的安排也很大，基本囊括了老、中、青各个年龄阶段的角色，而演员都是我校青年老师和在读学生，都是差不多的年纪。例如主角是二十多岁的大学生村官赵正梁，饰演这个角色的演员已经将近三十岁，和剧中角色在年龄上有些差异，在对他的造型设计上，用了很多心思，首先是服装上尽量贴近剧中年龄，选择了瑶族青年的服装款式和头巾图案，妆面上对演员五官、脸型进行了一定的矫正处理，让实际年龄看起来更年轻一些。此外还有七八十岁的寨老、四五十岁的中年农民、村官赵正梁父母等等，都是由青年学生扮演的，在剧中年龄与实际的年龄差别就更大了。因此在化妆上大量运用了表现中老年人的立体化妆技法，在中老年男性角色上还借助了人造的毛发、胡须来进行修饰。

瑶族的服装、妆饰作为其民族独有的标志性符号，是话剧《天堂瑶寨》造型设计的灵感来源。用民族特色来塑造人物，丰富我们的戏剧造型，提高造型设计的艺术美感和文化内涵，通过具体的形象为载体实现真实生活的镜射，是真实生活理想化的描绘，更是剧本创作思想的形象表达。

作为一台由学校师生共同创作的独幕剧，在创作构思、演出条件等方面都受到了很多制约，在各方面条件的限制下，本剧的造型设计还有很多不足和粗陋的地方，例如在主角造型处理上略显粗糙，个别服装的细节处理不当，人物之间的个性化程度不足等等。但是在全剧造型设计、制作、演出的过程中也积累了很多宝贵的实践经验，这些经验也会为以后的创作打下坚实的基础。

三、剧中参演老师谈创作

我在话剧《天堂瑶寨》中演赵正梁

陈　俊

话剧《天堂瑶寨》是编剧翟清老师，深入生活获取灵感并创作的一部以涔天河水库扩建工程移民搬迁工作为背景，人物原型取材于现实生活，深刻反映瑶胞对涔天河水库扩建工作的复杂思想变化，讲述瑶胞顾大局、识大体，全力支持涔天河水库扩建的故事。

要说扮演这个角色要做哪些功课，我想，深入生活去体验和感受瑶族的民风民俗，以及在这个大事件中，人民群众思想的变化等方面的第一手资料都是必不可少的。早在微电影《瑶寨村官》的拍摄过程中，我有幸深入江华天堂瑶寨去走访与了解，这对我在话剧版中赵正梁这一人物形象塑造应该说是起到了决定性的帮助作用。

赵正梁何许人也？

瑶族人，大学生村官。大学毕业后，不顾父母的反对，一心回到自己的家乡当一名村官，并积极参与到涔天河水库扩建与瑶寨搬迁的事业中来。

赵正梁积极宣传搬迁，他对自己的家乡有情吗？

在我扮演赵正梁这个角色的过程中，这是我不断反问自己的一句话。面对着生我养我的土地，面对着充满儿时记忆的山水，面对着即将搬迁的家，他怎么能无情。但这些对于赵正梁来说，这都是“私人情感”，而又因为这些“私人情感”的一再鼓励，他更坚定信念。因为，只有涔天河水库的顺利扩建，才能满足农田灌溉问题、用电问题，只有搬到新瑶寨才能让瑶族人民享受更好的医疗保障，才能解决瑶族后代的教育问题，而也只有通过建设新瑶寨，才能通过旅游带动瑶寨的经济收入。所以，赵正梁不管面前有多大的艰难险阻和乡邻的诋毁谩骂，他依旧不遗余力地用更大的情怀和精力投入搬迁移民的工作中，只为寄托那份浓浓的“乡情”。

赵正梁在搬迁过程中，怎么面对矛盾冲突？

全剧发展过程中，赵正梁不仅要面对乡邻们抗议、指责、谩骂所带来的压力，更要面对两个对他来说举足轻重的人物所带来的激烈冲突。

这两个人，一个是他的父亲，一个是从小看他长大，对他寄予厚望的族长阿公。

针对父亲和阿公的思想工作，赵正梁尽管“一颗真诚的心被划得鲜血淋淋”，但为了那份“乡情”他依旧会不厌其烦地跟反对搬迁的父亲这样说：

“爸，我知道，从我懂事的时候起，就看到你到山上种树，小时候，咱家条件不好，您清早起来，就背着树苗上山种树，天黑才回来，有时候甚至，就带几个红薯，几天都不下山。我能读大学，就是您种的一棵棵树苗供出来的，您跟我妈省吃俭用，就是为了我在外边不受委屈。爸，现在这棵树苗长大了，成材了，要成为栋梁之材。我现在回来当村官，我知道，您心里不高兴，觉得没面子，没出息，没有到外面去发展。但是，我是在寨子里长大的，我知道咱这需要有知识有文化的年轻人来改变这儿的现状。但是爸爸，您和妈妈培养我，不就是为了盼我能干出一番事业！现在我回家做村官，虽然没有在外面就业来得体面，但能让养我的瑶寨美起来，让乡亲们富起来，这不是最体面的大事吗？我们现在搞移民建水库，也就是为了我们的子孙后代以后能生活得更好。”

当阿公对赵正梁从镇上买回来的新瑶服说出：“衣服破了不要紧，补一补。人忘了本会遭报应啊！正梁，你出去读了几年大学，现在回来当了村官，没说带点什么项目回来让村民们脱贫致富，反而要把我们赶出寨子，你这没良心的家伙！”时，赵正梁即便一肚子委屈，却依旧拿出一个晚辈应有的真诚态度不断强调搬迁的好处，以及近来勘测出山体结构不稳，势必影响居住安全的担忧。也正是赵正梁这份对故土深深的情感、改变现状的决心和在山体滑坡时不顾一切地为乡亲们付出，才真正做通了阿公和乡亲们的思想工作。

赵正梁在搬迁工作展开过程中，他的痛在哪儿？

在分析剧本和塑造这个人物形象时，我认为赵正梁有三个不同程度的痛：

第一层次，痛在乡亲们的不理解，对于美好新生活的慵懒、质疑态度和求新求变的意识淡薄。

存在这些问题的主要因素是：年轻劳动力外出务工，留守老人与留守儿童长期居住深山，对外界的新理念、新思想、新事物了解太少。思想没有得到解放，行动上必然不能与时俱进。

第二层次，痛在父亲的极力反对和自私的想法。

赵正梁的父亲是一个朴实的农民，一辈子种树、种地，踏踏实实、本本分分已经成为他的生活习惯。他辛勤劳动就是为了培养儿子成才，将来出人头地，离开瑶寨去过更好的生活。这种自私的表现让接受过高等教育、看到过社会主义新农村建设获得巨大成功的赵正梁来说，是极其不能接受的。于是，父子在思想观念上展开了激烈的矛盾冲突。赵正梁可以说痛在想改变现状，却得不到最尊敬、最爱、最想依靠的父亲的支持。

第三层次，痛在山体滑坡时为了抢救乡亲们的人身财产安全而错过了营救自己的父亲。

在这样危急的时刻，如果说赵正梁没有想到过同样在受难的父母是不可能的。但是，他是一名村干部，他身上所肩负的重任和职责告诉他，一切都应该为人民群众，于是他不假思索、义无反顾地投入抢救乡亲们人身财产安全的救援过程中。而父亲在山体滑坡过程中的不幸遇难，应该是他最深层次的痛。

赵工梁永远地失去了父亲，也把这份痛深深地铭刻在心里。当他困惑的时候、质疑的时候，他会想起这份痛，同时也告诫自己，不让这种痛再发生、再重演。所以，他更加坚定地要搬出大山，去创造瑶族人民更加美好的生活。

赵正梁，是众多大学生村官中的一员，他同时也是众多大学生村官的结合体。对这个人物形象的塑造，我想不仅是在性格、形体、声音、语言、情感等方面，更多的是在他的思想。因为他的思想高度，才会驱使着演员的一切都在为着这个目标去行动与展开。而这就是我在话剧《天堂瑶寨》中扮演的赵正梁。

饰演话剧《天堂瑶寨》中“盘有才”的几点体会

林昆山

话剧《天堂瑶寨》的编剧和导演都是我系副主任翟清老师，说实话，刚接到翟老师邀请我饰演“盘有才”这个角色时，我心里是拒绝的，拒绝的原因是害怕自己演不好而影响全剧的整体效果，最终，在翟老师的鼓励下，我抱着一个学习的态度接受了这个挑战。

“盘有才”是瑶寨的寨老，剧中的男二号，要想饰演好这个角色，有几个方面一定要把握好：一是年龄的把握，二是身份的把握，三是随着剧情的发展对村官“赵正梁”态度的转变。

（一）年龄的把握

“盘有才”是一个老年人，而我自己才三十岁，所以，无论是从声音上还是形体上都是一个很大的挑战。

刚开始对台词时，为了把握好这个年龄感，我故意压低声音放慢语速，寻找老年人的感觉，但是总觉得很别扭很做作，声音倒是老了，可是总感觉像个老年病人，说话有气无力，后来调整状态让自己有精神一些，但是好像又少了点老人的味道，这样反反复复调整，并有针对性地观看了一些舞台剧中老年人的表演，才慢慢找到感觉。饰演这个角色也让我体会到“当局者迷，旁观者清”这句话用在表演上也很适用，看别人演戏时自己可以挑出一堆的毛病来，轮到自己时，却又有一种茫然失措的感觉，不知如何是好，声音和形体的分寸也很难把握到位。

（二）身份的把握

“盘有才”不仅是个老年人，还是个老年的寨老，寨老是一寨之长，是寨子里最德高望重、最具领导才能的人。对我而言，太久没有上过舞台，总觉得有些生疏，好像怎么演都是在演自己。后来在导演翟老师的指导下，首先从形体上去找寨老的感觉，尤其是眼神、表情，包括手势动作等，慢慢地开始突破自己的形象，接着就是声音、语气等，充分调动一切技巧，把德高望重这些抽象的感觉体现在具体的声音和动作上，虽然最后还是离预期的目标有差距，但是对我我而言已经是一种很大的收获了。

（三）随着剧情的发展对村官“赵正梁”态度的转变

本剧一开始，寨老“盘有才”对政府的搬迁工作是不支持的，对村官赵正梁更是充满怨气，认为他“吃里扒外”“忘本”了，所以在这一个片段的表演时，语言中满是冷嘲热讽，眼神里也全是犀利的指责。

随着剧情的发展，尤其是在赵正梁不断地晓之以理、动之以情、耐心细致地动员下，“盘有才”的心理防线开始慢慢放松，后来，自己的孙子生病被路过的赵正梁及时相救，让他欠下一份“情”。全剧的最后，寨子遭遇自然灾害，正梁一门心思组织村民救灾却没有顾及救助自己的家人，以致与父亲生死离别。所有的这一切，让寨民们重新认识了赵正梁，这个当年寨子的骄傲——全寨第一个大学生并没有“忘本”，而是真的回来帮助大家的。村官赵正梁也用行动让寨民们理解了，搬迁重建不仅是支持国家建设，更是为了瑶寨的幸福生活和美好明天。所以，这几个片段的表演是最难把握的，既要合情合理又要有一定的艺术张力，刚开始排练时，觉得这个态度的转变特别不好把握，尤其是那几段大段的台词，说出来显得枯燥乏味，在导演和其他同事的帮助启发下，我开始给每一片段分层次，设计好每一次出场，真正地去“真听、真看、真感受”，让“盘有才”对“赵正梁”态度的转变显得更加真实自然并且能打动观众。

总而言之，我特别感谢《天堂瑶寨》这个剧组，排练的过程虽然很累，但也很快乐，最重要的就是一群人一起完成一个作品，这种集体的荣誉感和成就感是其他所不能给予的，而且这个过程让我们很多人都得到了锻炼，“纸上得来终觉浅，绝知此事要躬行”，舞台表演艺术确实不能偷懒，“台上一分钟，台下十年功”这句话对谁都不例外。

四、剧中参演学生谈创作

参与《天堂瑶寨》的体会

《天堂瑶寨》是我来学校后参与的第一个院级的大戏，对于我这个课外生活单调的人来说，《天堂瑶寨》的参与无疑是新鲜、具有挑战而又收获颇丰的一次经历。

先说说整台演出吧。要做好一件事情真的是很难，而且不单单是依靠哪一个人的力量就可以的，在台上呈现的每一分钟都需要每个演员无数次的磨合。和自己的专业老师同台表演，这是我从未有过的经历。和优秀的人合作，自己的水平也会随之提升，一个好的对手会懂得如何刺激你，并在必要的时候拉你一把的。另外，像道具的准备与摆放、音响和灯光的配合也是需要大家共同花心思花力气的。当然，要完善一个作品更是需要多种尝试，比如我们泥石流那场戏就由最开始的形体展示换成了新颖的象形元素，瑶族的长鼓舞也是学了好几个组合才最终确定下来。排练的日子每一天都很辛苦，可是我们都坚持下来了，只要大家团结在一起，拧成一股绳，那么大家用心血做出来的东西也一定是感动人的。

再说说我自己的改变吧。其实我刚拿到这个剧本的时候是兴奋又紧张的，兴奋的是可以在更多的人面前展现自己，紧张的是怕自己拿不准角色、拖大家的后腿。在排练中，我是被老师骂得最多的一个，当然，在这样的厉声之下，我的进步也是很大的。刚开始可能也是新到一个环境，什么都不自在不习惯，所以表演也放不开。不过，既然决定要做一件事就要一心做好，第一天晚上我记台词记到很晚，台词记住了行动才能不脱节，慢慢地跟大家的交流多了，表演上也有老师的指导，一切都开始得心应手起来。客观因素是会制约表现能力的，这让我认识到沟通与交流的重要性。另外一方面，我好强且独立，刚进剧组的时候，我希望可以靠自己一个人的力量解决表演中遇到的每一个问题，显然我是愚钝的，人肯定会有做不到的事情，遇到困难要懂得向别人求助，在别人的帮助下也许你会容易得多。当然，要完完全全地改变是很难得的，但庆幸的是，我一次次地提醒自己，也在一步步地靠近！

在录完《天堂瑶寨》回来的路上，我一个人想了很多，每一次经历都会有感悟，每一次经历也都会让人成长。其实我也不知道自己还有哪些地方变得不一样了，就是一种很微妙的感受，其实很多东西都是潜移默化的，没办法用一种具象的方式表达出来，但我自己心里清楚这样的改变让我自己感动。

每一个人都不应该让自己处在低姿态，你一定要意识到差距，但是绝不能屈服于差距，你要是不逼自己一把，你都不知道自己有多优秀。人一定要走出去看看，不能永远把自己关在一个小小匣子里，到了更大的舞台，有了更广阔的视野，那么你的见识和水平也会横着长！感谢这次经历带给我的感悟与成长！

2013级高职影视表演班　吴一涵

当我接到要参演这个微电影的时候，我当时心里特别开心，因为我一直在为之前没有参演《天堂瑶寨》这个微电影而感到遗憾，那时候由于各种原因错过了一次锻炼自己的机会，这一次我要好好地抓住这次机会，提高自己，锻炼自己。

第一次排练，心里各种激动，很期待自己会把这个角色诠释得怎么样，还有一些不认识的学长学姐会跟他们相处得怎么样，脑海里出现着各种画面，就这样开始了我们的排练……

还记得有一次我穿了一双带跟的鞋子在台上表演，被导演看到了就批评了我，就这样一个小小的细节就让我知道了在台上表演就要重视这个角色，穿着要方便舒适，这样就不会影响表演的状态，所以我之后上台也就没有再犯这样的错误。还有很深刻的印象就是要学会自己走调度，比如说前面的人把你挡了，就要学会如何不被她挡住；还有就是在别人演戏的时候，同样你也在戏里，即使是坐着也是一种态度的表明，所以在这个表演的过程中能学到很多东西。

我是一个瑶族姑娘，而我们演的这个微电影是瑶寨所发生的事情，我为之而感到自豪，能把瑶族的风俗、瑶族人民的热情带给大家，我很开心，也同样希望这个微电影能更广地传播出去，让更多的人知道瑶族的美，瑶族的独一无二。我很感谢老师能给我这次机会，让我学到了在舞台上可以做什么不能做什么，要怎么抒发自己的感情，都要用自己的台词以及肢体语言表达出来，经过我们大家的不懈努力，还有老师那辛勤的付出，我们终于迎来了录制的那一天。大家都怀着无比激动又担心的心情在后台准备，都在告诉自己要拿出百分之一百的成绩上台表演。最后录制很成功，我们的努力得到了回报。这就成了我们的一段美好的回忆。告别了一部戏又将迎来新的一部戏，我会更加努力做到最好的！

2013级影视表演班　周钟曦子

大一的下学期我很荣幸地被老师选进了学校的大戏排练中，当时带着激动与不安的心情来到了“瑶寨村官”的剧组，和众多的学姐、学长、老师们一起来完成这部由老师改编的舞台剧。在拿剧本定演员的时候因台词说得不好而被否定了各种角色，到最后只能演一个只有一小段台词的村民，那时候心里特别难受，感觉好可惜，只怪自己台词不好还被嘲笑，遭受了一万点真实性伤害，让我真正意识到台词对于演员来说是多么重要，也让我下定决心要把台词练好。从排练开始，我们的大导演也就是这部戏的编剧老师一直强调着调度、台词、感情，我们在舞台上面极力地配合导演，尽量朝着导演脑中的画面靠拢，导演坐在下面也极力扯着嗓子做着一遍又一遍的调整，台词和感情更不用说了，这两者是戏中极为重要的部分之一，配合调度，就能看得出演员在舞台上功底如何。作为第一次能在舞台上演大戏的我台词又不好，自然就成了重点“治疗”对象，几乎每次排练都会说到我，每次快到我说台词的时候都会心跳加速，每次都说错了，这让我很焦灼，也让舞台下面的老师哭笑不得，这更加让我意识到台词是有多么重要了。来到这个大剧组里我学到了在舞台上能干嘛不能干嘛，从学长那里又了解到外面剧组是个什么样子，“瑶寨村官”是我参加的第一部大戏，在这个舞台上我尽力吸收着老师说的每一个点，作为这一部戏只有一小段台词的村民，最后也能顺畅地说好了，非常感谢老师把我叫到这个大剧组里，让我学到了很多，我会继续努力的！

2014级高职影视表演班　刘祖成

天堂瑶寨·心得

距离上次录影舞台剧天堂瑶寨，已经半个多月过去了。回想当时排练的日子依旧历历在目，一个多星期每天几乎朝八晚十地泡在剧场，老师同学们都很辛苦，也很认真。

无论是老师布置要快速把台词记住，还是准备道具，大家都积极认真地去完成。我感觉，在两天的时间内就把整个架子搭建出来，真心不容易，完成一部好的作品，需要一个好的团队，团队意识要强。

我很佩服两位主演老师，陈老师和林老师。在台上的每一分钟，都能很快进入规定情景中，认认真真演戏对词，一遍一遍又一遍的。陈老师虽然这部剧已经演过很多很多次，依旧是认真、积极地排练，每次都能看到他额头的汗珠和湿透的衣服，总是带动起我们的积极性。还有林老师，任劳任怨的班主任，第一次接触本子，几页的台词都够呛，还有几大段的独白，他自己都常说自己记性不好，在剧场的时候当我们都在休息时，总能看到林老师默默地背剧本，感冒带病排练，在录影的早上，听说林师母昨晚生了一个可爱的小朋友，这么大的事依旧去完成工作，在这儿要给您点赞！辛苦了！

我收获很多，两位资历深厚的老师敬业精神让我有很大的感受。你既然喜欢，选择这个专业，付出、努力、吃苦，这都是应该的，希望自己能坚持下去，什么时候能像老师那么厉害，我觉得一切都值得。

翟老师，我很佩服您！认真做每件事，认真到每个小细节，是您敬业的态度，在每个小细节里创新，是您专业的行动。在整个排练一个多星期里请来若干个专业老师指导，学瑶鼓舞，特地租来瑶族服装等，正是因为用心的做好每件事，才会呈现最后宏伟、感人的天堂瑶寨。这不仅仅是排好了一部作品，更多的是学到了舞台经验和做人的道理。您辛苦了。

我庆幸我能有机排演，这是我的财富。

祝《天堂瑶寨》能获得荣誉归来。

2013级高职影视表演班　周珊

天堂瑶寨·心得

距离上次录制舞台剧《天堂瑶寨》，已经过去大半个月了。还是会不时想起那段既辛苦又快乐的时光。每天都在剧场与寝室，台上与台下忙碌奔波着。

一个星期的排练时间的确是个巨大的挑战，但毫无疑问的是，我们成功了，仅仅两天便已经将整部戏的大致框架拉了出来，这已经不是个人所能胜任得了的了，只有一个团结、积极的优秀团队才能如此迅速拿下。

可以说，这部剧对我来说，也是有着非同寻常的感情与意义，我同这部戏一起由青涩、稚嫩渐渐走向成熟。反反复复地排练，使我不断完善了自己对于表演这条道路的认识，更使我踏在这条道路上的脚步更加凝实，更加踏实。

我很佩服我们这部戏两位亲爱的主演：陈老师与林老师。在和他们搭戏、排练的过程中，他们用坚实的臂膀让我们看得更高，想得更远，让我们及时看清了我们同一个专业演员之间的差距，明白了努力的方向。我也更从他们身上学到了对于工作应有的认真与负责，还有那活跃于舞台上沸腾着的激情。

不得不说的是，这部戏之所以能如此快地取得成功，更是因为我们有一位不辞辛劳，彻夜修改剧本，整日陪伴着我们，指导我们的好导演、好编剧——翟老师。

让我们钦佩的不仅仅是她做事情时雷厉风行与认真细致的态度，更是她对于艺术的理解，总能让我们为之惊喜，往往在我们这部戏到达一个危险的瓶颈时，她那活跃的思想总能带领我们化险为夷，看到一个更精练、更完善的剧目。

似乎有太多太多想要说的，却又不知如何表述而出，总之非常庆幸自己能参与到这部戏中，让我收获到了许多宝贵的知识与经验，这些将伴随我的一生，成为一笔宝贵的财富。

2013级高职影视表演班　刘威兵

《天堂瑶寨》心得

距离《天堂瑶寨》舞台剧的录像已经有一年了，回想起当时在剧场排练的日子，感受颇多。参与《天堂瑶寨》无疑是具有挑战又收获颇丰的一次经历。

在排练过程中，最初给我的感受就是又冷又累，我的角色是个棍子，在剧场的地上一遍一遍地滚，身上都是伤。很多次都想放弃，但是看到其他演员甚至是同台演出的老师，认真积极一遍又一遍地排练，谁都没有一句怨言，每个人都在努力付出，我没有理由因为自己的懒惰去放弃，最后都坚持了下来，所以收获了很多东西。在这期间，还学会了打瑶鼓。

翟老师、林老师、陈老师，三位资历深厚的老师的敬业精神让我敬佩，他们不辞辛劳，整日陪伴着我们，不断地完善剧目，修改剧本，最终呈现出一个优秀的舞台剧。

这次排练，我知道了团队精神的重要性，沟通与交流的重要性。我虽然不是这部剧的主要核心演员，但是这部剧也同样带给我了感悟与成长，让我收获了宝贵的知识与经验。我庆幸自己有这次演出的机会，这是我的财富。

2013级影视表演班　王冷

《瑶寨村官》心得

我很荣幸能够参演《瑶寨村官》，因为在排练当中让我学到了很多不一样的东西。

在排练时老师对每一句台词、每一个表情、每一个动作、每一次排位、每一个细节都精益求精、一丝不苟，要求做到最好。在不断地排练中我们也会有很多需要改进的地方，不断改进以求达到最完美的效果。

排练虽然很辛苦，但更多的是欢乐、团结与坚强，或许，这就是话剧的魅力。我们一起流汗、我们一起努力，这就是我们排练时的欢乐，短短的排练时间让我们团结一起，也让我们在辛苦中学会了坚强与坚持。

虽然时间过得很快，但我们都不会忘记，这一同排练的美好时光。

2013级影视表演班　戈佳

《天堂瑶寨》心得

我很高兴可以参演《天堂瑶寨》，在排练中，我学会了很多在课堂上学不到的东西。第一就是耐心，在排练的时候，经常会重复排练一个场景，这样，就需要有足够的耐心，去等待，同时也要仔细观察别人的表演，这样在等待的同时，还可以提高自己的表演水平。第二就是团结，在排练的时候，台上往往会有很多人，如果没有团队合作的精神，就很难完成一部戏。

2013级影视表演班　许贝怡

延伸项目

一、课题

课题1：《媒体视野下的湖南瑶族文化的保护、传承与创新研究》

湖南省民族事务委员会

关于2014年度民族问题研究课题立项的函

湖南艺术职业学院科研处：

感谢贵校对民族问题研究课题申报工作的高度重视和大力支持，经过专家评议，并经我委审定，确定贵校有如下课题获得立项，请通知课题负责人认真组织实施，按时结题。

单位	课题负责人	课题名称
湖南艺术职业学院	何益民	新形势下少数民族传统音乐的传承与发展研究
湖南艺术职业学院	黄新平	桑植民歌在民族音乐教育中的保护实例研究
湖南艺术职业学院	程　清	以媒体为手段推进湖南瑶族文化的保护、传承与创新研究

湖南省民族事务委员会

2014年3月20日

年　度	2014 年度
编　号	
项目类型	应用对策研究

湖南省民委课题申请表

课题名称　以媒体为手段推进湖南瑶族文化的保护、传承与创新研究

负 责 人　翟　清

通讯地址　长沙市望城坡西大门湖南艺术职业学院北院

联系电话　13975154268

所在单位　湖南艺术职业学院

填表日期　2014—2—22

湖南省民族事务委员会

2014 年 1 月制

（一）课题组成员基本情况

<table>
<tr><td colspan="2">课题名称</td><td colspan="9">以媒体为手段推进湖南瑶族文化的保护、传承与创新研究</td></tr>
<tr><td colspan="2">负责人姓名</td><td colspan="2">翟　清</td><td colspan="2">性　别</td><td>女</td><td>民　族</td><td>汉</td><td>出生年月</td><td>1966.11</td></tr>
<tr><td colspan="2">行政职务</td><td colspan="2">影视系副主任</td><td colspan="2">专业职务</td><td colspan="2">国家二级演员</td><td>研究专长</td><td colspan="2">影视、戏剧</td></tr>
<tr><td colspan="2">最后学历</td><td colspan="2">大学本科</td><td colspan="2">最后学位</td><td colspan="2">学　士</td><td>担任导师</td><td colspan="2"></td></tr>
<tr><td colspan="4">所在省（自治区、直辖市）</td><td colspan="4">湖南省</td><td>所属系统</td><td colspan="2">湖南省文化厅</td></tr>
<tr><td rowspan="5">主要参加者</td><td>姓　名</td><td>性别</td><td>年龄</td><td>专业/行政职务</td><td>研究专长</td><td>学历</td><td>学位</td><td colspan="3">工　作　单　位</td></tr>
<tr><td>盘　琴</td><td>女</td><td>46</td><td>二级演员</td><td>瑶歌瑶舞</td><td>大学</td><td>学士</td><td colspan="3">湖南艺术职业学院</td></tr>
<tr><td>许丽英</td><td>女</td><td>47</td><td>教授</td><td>社会科学</td><td>研究生</td><td>硕士</td><td colspan="3">湖南艺术职业学院</td></tr>
<tr><td>周新娟</td><td>女</td><td>32</td><td>副主任</td><td>人文学</td><td>研究生</td><td>硕士</td><td colspan="3">湖南艺术职业学院</td></tr>
<tr><td>张　睿</td><td>男</td><td>30</td><td>教研室主任</td><td>媒体创意与策划</td><td>研究生</td><td>硕士</td><td colspan="3">湖南艺术职业学院</td></tr>
</table>

（二）课题设计论证提要

1. 选题的理论意义和实际意义。2. 本课题研究的主要观点、主要内容和研究方法。3. 重点和难点分析。

课题的提出：

民族文化的兴盛，能增强民族的凝聚力和自豪感，推动民族走向繁荣发展。民族文化的衰落，则会削弱民族发展的动力。一个民族的消亡往往从其文化的消亡开始。在建设中国特色社会主义文化的过程中，如果不重视民族文化的保护和传承，民族特征就会逐渐消失，民族文化就会失去存在的基础和发展的动力，民族存在就会出现危机。而目前，在民族文化的保存、传承、创新上存在着一些不容忽视的问题如思想理念、资金投入、传承人才队伍、开发保护及展示传播的娱乐化倾向等问题，严重影响着民族文化的保护传承和创新。因此，在新的形势下，如何开展民族文化的保护传承创新，就成为一个必须直面的紧迫任务，我们要以务实、前瞻的眼光实施保护和传承创新，以确保中华文化大家庭的多样性和精彩纷呈。民族文化的弘扬需要多层次、多形式的展示平台，让有生命力的民族文化成为人们生活的一部分，而广播、电视、电影、报纸等新闻媒体应为民族文化的展示、创新提供更多空间和舞台，提供正能量。

（续表）

（1）理论意义： 瑶族是一个有着悠久历史文化的少数民族，支系众多。在其漫长的历史长河中，产生了独具特色的民族文化。湖南瑶族文化又有其特质，加强对其保护和传承研究非常重要和迫切。媒体具有方式多样、传播快捷、受众面广、影响力大等特点，对瑶族文化的保护、传承能起到事半功倍效果。我们应该用媒体这一载体，勇于履行和承担起记载、传承、发展和创新瑶族文化这一时代赋予的使命，积极适应时代进步和社会发展提出的新要求，不断加强保护与传承，推动民族文化的传播与创新。 实际意义：湖南瑶族文化非常丰富。通过媒体这一平台，可以多角度、多层次对湖南瑶族文化的习俗、歌舞、民居、服饰、祭祀、劳作等展现的文化特质进行挖掘整理、记载、展示，改变绝大多数民族文化只能通过口口相传、技艺相授，“人存艺在，人亡艺失”的传统模式，而进入一个充分利用现代传媒手段如报纸杂志、广播电影电视、互联网等方式传播传承的新阶段，可以更有效解决在湖南瑶族文化保护传承创新中遇到的问题，更好地与汉文化和其他民族文化共生共荣，繁荣中华民族文化，对巩固和谐稳固的民族大家庭有重要的意义。 （2）主要观点：借助媒体的力量积极推动湖南瑶族文化的保护与传承，扩大其影响。在这方面不乏成功的范例。电影《中国瑶族》就以大量的素材展现了中国瑶族的风土人情、习俗、礼仪等文化特性，为向全社会介绍宣传瑶族文化文明做出了巨大贡献。最近由湖南艺术职业学院拍摄的微电影《瑶族村官》，通过修水库开发旅游发展经济，瑶民舍小家为大家移民搬迁的故事，影片中呈现了湖南江华瑶族的长鼓舞、歌舞、音乐、服饰、民居、祭祀、礼仪等重要文化元素，反响很好，得到了江华领导和瑶族同胞的肯定和喜爱，并在湖南首届大学生“我的中国梦”微电影大赛中获奖。 主要内容：主要通过媒体对湖南瑶族文化的挖掘、整理、传播，以达成保护、传承、创新之目的。 ① 在利用媒体进行保护、传承创新过程中，要充分尊重瑶族文化艺术的严肃性，去娱乐化和调侃，不能对其歌舞、人物、文化、传奇随意进行改编、戏说或重构。只有真正理解并尊重其文化内涵才能实现传承创新。 ② 媒体在瑶族文化保护、传承与创新过程中，要通过各种形式的平台和信息将前人创造的文化传递给后人，以实现文化的延续、传承和发扬。 ③ 媒体采用的方式、途径应当是人民群众特别是广大瑶族群众乐于接受的，不得以违背少数民族风俗习惯的方法进行传播。 ④ 媒体在传播民族文化时必须要有所选择、取舍。传统文化不等同于优秀文化，也不等于文明。因此，在强调原汁原味的传统特色的同时要对落后的陋习、恶俗和愚昧的东西予以摒弃。 研究方法： a. 文献查阅法。对已有湖南瑶族发展历史、艺术特色、传承保护等研究成果，包括各类史料文献、专著、论文及音像资料、遗迹遗址和实物资料等进行搜集、整理和分析。 b. 人物访谈法。走访健在的瑶族文化传承人、民间艺人和瑶族地区的领导和群众，全面了解湖南瑶族文化保护传承的现状、问题。 c. 对比研究法。将瑶族文化与汉文化及其他少数民族文化进行对比研究，分析掌握其特质，探求更好的保护传承手段。

（续表）

d. 个案研究法。选取湖南瑶族文化保护传承中成功或失败的个案进行研究、总结经验教训。 （3）重点和难点分析：分析保护、传承过程中的困难、问题和对策；充分挖掘湖南瑶族文化的特质、特色及其丰富的文化、精神内涵和旺盛的生命力；以媒体手段客观反映湖南瑶族文化的本真，努力达到文化构建、形象构建和影像表达，使受众喜闻乐见，让湖南瑶族文化这一文化瑰宝世代传承下去。

（三）课题组成员已有与本课题相关的主要研究成果

成果名称	作者	成果形式	出版单位或发表刊物	出版发表时间
话剧《永不凋谢的姊妹花》导演手记	翟　清	论文	《魅力湖南》	2013 年第 1 期
话剧剧本《永不凋谢的姊妹花》	翟　清	剧本	《魅力湖南》	2013 年第 1 期
微电影剧本《瑶寨村官》	翟　清、盘　琴	剧本		2013 年 5 月
微电影《瑶寨村官》	翟　清、盘　琴	电影	全省“中国梦．微电影”大赛获奖	2013 年 9 月
《存亡继绝的江华瑶歌》	盘　琴	论文	全省群众文化论文比赛二等奖	2008 年
《论在高校音乐教育中开设瑶歌课程的价值和实践》	盘　琴	论文	《华章》	2013 年
《盘王之女》	盘　琴	音像制品	武汉音像出版社	1999 年
《探寻传承桑植民歌之路》	周新娟	论文	《艺海》	2013 年第 6 期
《发展创新，传承戏曲精髓》	周新娟	论文	《文艺生活》	2013 年第 14 期
《〈余震〉中李元妮形象分析》	张　睿	论文	《文学界》	2010 年 12 月
《纪录片〈舌尖上的中国〉特色分析》	张　睿	论文	《艺术科技》	2013 年 10 月
专题片《再见黑麋峰》	张　睿	专题片	湖南教育视频网首届优秀教育资源大赛最佳作品奖	2013 年 3 月
专题片《情聚振华》（关于偏远少数民族学生教育）	张　睿	专题片	第六届中国大学生艺术节最佳纪录片奖、优秀指导老师奖	2013 年 5 月

（四）审核意见

审核单位	审核意见	备注
课题负责人所在单位审核意见	单位公章 年　月　日	申请书所填写的内容是否属实；该课题负责人和参加者的政治业务素质是否适合承担本课题的研究工作；本单位能否提供完成本课题所需的时间和条件；本单位是否同意承担本课题的管理任务和信誉保证
省民族研究所意见	单位公章 年　月　日	对课题负责人所在单位意见的审核意见；是否同意报省民委终审；其他意见
省民委终审意见	单位公章 年　月　日	

课题 2：《新媒体戏剧视野下的少数民族文化推广研究》

湖南省民族宗教事务委员会

课题立项通知书

湖南艺术职业学院　周新娟　同志:

经研究决定，同意您申报的《新媒体戏剧视野下的少数民族文化推广研究》列入 2015 年度湖南民族研究课题，编号 HNMY2015-048，请抓紧组织实施。现就有关事项通知如下:

1、结题时间: 2015 年 11 月 30 日前完成。

2、结题方式: 最终成果以论文形式表现，并报 2 份书面材料和电子文档。

3、省民委将对课题给予一定的经费资助。资助经费额度以评审结果为准，评审后一次性给付。

4、省民委对成果享有应用及集结出版的权利。

5、联系方式

联 系 人: 吴国华　　　电子邮箱: minyansuo@163.com

联系电话: 0731-82356651　　邮　　编: 410008

地　　址: 长沙市蔡锷北路 505 号 湖南省民委民研所

湖南省民族宗教事务委员会

2015 年 7 月 14 日

年　度	
编　号	
项目类型	

湖南省民宗委课题申请表

课题名称　新媒体戏剧视野下的少数民族文化推广研究

负 责 人　周新娟

通讯地址　湖南省长沙市麓山南路153号

联系电话　13787277618

所在单位　湖南艺术职业学院

填表日期　2015.4

湖南省民族宗教事务委员会

2015年3月制

（一）课题组成员基本情况

<table>
<tr><td colspan="2">课题名称</td><td colspan="8">新媒体戏剧视野下的少数民族文化推广研究</td></tr>
<tr><td colspan="2">负责人姓名</td><td colspan="2">周新娟</td><td colspan="2">性　别</td><td>女</td><td>民族</td><td>汉</td><td>出生年月 1982.10</td></tr>
<tr><td colspan="2">行政职务</td><td colspan="2">教务处副处长</td><td colspan="2">专业职务</td><td colspan="2">讲师</td><td>研究专长</td><td>教育教学</td></tr>
<tr><td colspan="2">最后学历</td><td colspan="2">硕士研究生</td><td colspan="2">最后学位</td><td colspan="2">硕士</td><td>担任导师</td><td>无</td></tr>
<tr><td colspan="4">所在省（自治区、直辖市）</td><td colspan="4">湖南省</td><td>所属系统</td><td>文化厅</td></tr>
<tr><td rowspan="5">主要参加者</td><td>姓　名</td><td>性别</td><td>年龄</td><td>专业/行政职务</td><td>研究专长</td><td>学历</td><td>学位</td><td colspan="2">工　作　单　位</td></tr>
<tr><td>翟　清</td><td>女</td><td>49</td><td>影视系副主任</td><td>影视表演</td><td>本科</td><td>学士</td><td colspan="2">湖南艺术职业学院</td></tr>
<tr><td>盘　琴</td><td>女</td><td>46</td><td>声乐教研组长</td><td>声乐教育教学</td><td>本科</td><td>学士</td><td colspan="2">湖南艺术职业学院</td></tr>
<tr><td>黄新平</td><td>男</td><td>40</td><td>教务处处长</td><td>声乐教育教学</td><td>本科</td><td>研究生</td><td colspan="2">湖南艺术职业学院</td></tr>
<tr><td>雷艳芳</td><td>女</td><td>36</td><td>教师</td><td>教学</td><td>本科</td><td>学士</td><td colspan="2">嘉禾五中</td></tr>
</table>

（二）课题设计论证提要

1. 选题的理论意义和实际意义。2. 本课题研究的主要观点、主要内容和研究方法。3. 重点和难点分析。

选题的理论意义和实际意义：

（1）课题的提出

湖南位于中国南部，是我国西南少数民族文化的重要发祥地之一，在境内居住着土家族、瑶族、苗族、侗族等少数民族，总人口达658万人，悠久的历史积淀了多元的民族和文化，给湖南创造和保留了丰富的非物质文化遗产。伴随着西方文化的侵入，我们的民族文化，尤其是少数民族文化受到强烈的冲击，逐渐淡出人们的视野。

随着网络的普及，在新的技术支撑体系下出现的诸如微信、数字电视、触摸媒体等媒体形态，具有形式丰富、传播速度快、覆盖面广的特点，且不受时间、地点、空间的影响和制约，被称之为新媒体。它已经渗透到了舞蹈、音乐、话剧、曲艺、杂技等表演艺术中，而新媒体戏剧已在众多的表演形式中崭露头角，促进了文化的繁荣发展。面对少数民族文化的日益萎缩，作为新时代的我们应当不断提高文化自觉和自信，凭借新媒体戏剧的有利优势，在全社会范围的不同阶层、不同人群中推广少数民族文化。

（续表）

（2）选题的理论意义 课题研究将探讨在新媒体技术时代，利用新媒体戏剧的特性对少数民族文化进行推广的过程中丰富戏剧理论创新，丰富少数民族文化的艺术实践，清醒的理性审视新媒体戏剧，对新媒体戏剧化的理论诉求进行回应，总结提升新媒体艺术地产业发展具有的价值。 （3）选题的实际意义 本课题研究打破了依靠传统的艺术表演形式推广少数民族文化的方式，利用新媒体戏剧这一新生艺术方式，在全社会不同区域、不同人群中推广独具民族特色的少数民族文化，铺就少数民族文化从地方走向全省、走向全国、走向世界之路。通过新媒体戏剧的快速和形式新颖的推广，让越来越多的人熟悉、喜欢少数民族文化，并以此为窗口认识和了解湖南的少数民族文化和湖南的非物质文化遗产。 本课题研究的主要观点、主要内容和研究方法： 创新是艺术的发展之本，本课题的研究以计算机网络技术发展下的戏剧观念和戏剧媒体的变革为基础，以对少数民族艺术的创作、舞台和表演形式的创新为主线进行展开。 （1）主要观点 ① 在实践中开拓以少数民族文化为主要内容的网络戏剧、手机戏剧等新形式。 ② 从戏剧史中寻找少数民族文化新媒体的渊源，让艺术形式与技术结合成新的表现形式；使用户在直接操作过程中体验少数民族文化的无穷魅力并通过媒体与他人交流，扩大少数民族文化的受众面。 （2）主要内容 ① 少数民族文化戏剧创作中的数码化。对少数民族文化进行戏剧原创时融入计算机和网络的运用，在戏剧二度创作的过程戏剧中引入数码特效，在戏剧三度创作中环节建立鉴赏数据库。 ② 少数民族文化戏剧制造的数码化。在舞台灯光美术、音响设施设备等方面进行数码设计，将科技与传统剧院相结合。 ③ 少数民族文化戏剧传播推广的数码化。少数民族文化戏剧的全过程贯穿现代数码技术：档案、广告等文献的数码印刷，戏剧摄录过程中的数码加工，戏剧节目预告、宣传片的数码广播等。 ④ 少数民族文化戏剧营销手段的时尚数码化。结合年轻一代的消费观念、消费趋势，对少数民族戏剧文物、演出门票等搭建网络销售平台，对戏剧作品进行网络数码发行推广等。 （3）研究方法 本课题研究将采用文献资料法、调查法、个案研究法等方法。 文献资料法：通过文献检索和网站搜索，查阅全国在新媒体戏剧视野下少数民族文化推广的推行力度和取得的成效。分析新媒体戏剧视野下少数民族文化推广的必要性和可行性。 调查法：通过对少数民族文化推广现状的调研，形成研究报告，为新媒体戏剧视野下少数民族文化的推广模式构建提供可行性方案。 个案访谈法：对借助新媒体戏剧方式编创的独幕剧《天堂瑶寨》主创人员进行访谈，建立调查数

（续表）

据库并进行分析。 研究的重点、难点分析： 新媒体在戏剧领域中的应用，少数民族文化在新媒体戏剧中的体现，推动了少数民族文化的推广，在戏剧理论中如何体现新媒体的运用，如何融合少数民族文化特征，运用少数民族元素创排新媒体戏剧作品，促进戏剧理论创新是本次课题研究的重点。但由于新媒体戏剧的发展需要数码技术的支持，课题的研究也存在一定的难度。 （1）大部分的少数民族文化还是通过传统的方式进行推广，运用新媒体戏剧等新形式的较少，且没有相匹配的技术硬件条件支持，没有丰富的艺术实践。 （2）清醒的理性审视。新媒体戏剧视野下的少数民族文化推广容易产生戏剧的泛化。现实总是包括戏剧在内的各种艺术形式赖以立足的基点，同时又有别于允许虚构的艺术，区别于传统的戏剧形式，高于生活、贴近生活地推广少数民族文化。 （3）新媒体戏剧在创作的过程中，如何融合少数民族文化、运用少数民族元素进行创作，既满足戏剧的基本要求，又符合现代审美需求。

（三）课题组成员已有与本课题相关的主要研究成果

成果名称	作者	成果形式	出版单位或发表刊物	出版发表时间
《当前就业形势下高职音乐专业教学改革》	黄新平	课题	湖南省教育厅	2014
《桑植民歌的传承和保护实例研究》	黄新平	课题	湖南省民族事务委员会	2014
《湖南艺术职业学院传承非物质文化遗产的实践研究》	周新娟	课题	湖南艺术职业学院	2013
《探寻传承桑植民歌之路》	周新娟	论文	《文艺生活》	2014
《湖南戏曲成就的“文艺”湘军》	周新娟	论文	《教育教学论坛》	2013
《以媒体为手段推进湖南瑶族文化的保护、传承与创新研究》	翟清	课题	湖南省民族事务委员会	2014

（四）审核意见

审核单位	审核意见	备　注
课题负责人所在单位审核意见	单位公章 年　月　日	申请书所填写的内容是否属实；该课题负责人和参加者的政治业务素质是否适合承担本课题的研究工作；本单位能否提供完成本课题所需的时间和条件；本单位是否同意承担本课题的管理任务和信誉保证
省民族研究所意见	单位公章 年　月　日	对课题负责人所在单位意见的审核意见；是否同意报省民委终审；其他意见
省民委终审意见	单位公章 年　月　日	

课题 3：《少数民族题材微电影创作与推广研究》

湖南省民族宗教事务委员会

立项通知书

张睿 同志：

根据《湖南省民宗委课题调研工作若干规定》，经组织评审，决定由您承担湖南省民族宗教问题研究项目 2016 年度课题 少数民族题材微电影创作与推广研究（编号 2016-HNMY-030）。

请您于 2016 年 11 月 25 日前完成，并将结题报告电子版和纸质版一式 3 份报省民宗委民族研究所。

完成课题并通过评审的，省民宗委给予适当课题研究经费资助。

省民宗委鼓励研究成果转化，并根据转化结果给予适当奖励。

联系人：吴国华

联系电话：0731-82356651　　　邮编：410011

地址：长沙市芙蓉区营盘东路 70 号　湖南省民宗委

电子邮箱：minyansuo@163.com

湖南省民宗委

2016 年 6 月 29 日

年　度	2016
编　号	
项目类型	应用对策研究

湖南省民宗委课题申请表

课题名称　少数民族题材微电影创作与推广研究

负 责 人　张　睿

通讯地址　长沙市岳麓区麓山南路153号

联系电话　13272052116

所在单位　湖南艺术职业学院

填表日期　2016.4.28

湖南省民族宗教事务委员会

2016年4月制

（一）课题组成员基本情况

<table>
<tr><td colspan="2">课题名称</td><td colspan="8">少数民族题材微电影创作与推广研究</td></tr>
<tr><td colspan="2">负责人姓名</td><td colspan="2">张 睿</td><td>性 别</td><td>男</td><td>民 族</td><td>汉</td><td>出生年月</td><td>1985.4</td></tr>
<tr><td colspan="2">行政职务</td><td colspan="2">影视编导教研室主任</td><td>专业职务</td><td colspan="2">讲师、三级导演</td><td>研究专长</td><td colspan="2">微电影、影视剧研究</td></tr>
<tr><td colspan="2">最后学历</td><td colspan="2">本科</td><td>最后学位</td><td colspan="2">硕士</td><td>担任导师</td><td colspan="2"></td></tr>
<tr><td colspan="4">所在省（自治区、直辖市）</td><td colspan="3">湖南长沙市</td><td>所属系统</td><td colspan="2">湖南省文化厅</td></tr>
<tr><td rowspan="5">主要参加者</td><td>姓 名</td><td>性别</td><td>年龄</td><td>专业/行政职务</td><td>研究专长</td><td>学历</td><td>学位</td><td colspan="2">工 作 单 位</td></tr>
<tr><td>盘琴</td><td>女</td><td>48</td><td>二级演员</td><td>瑶歌、瑶舞</td><td>本科</td><td>学士</td><td colspan="2">湖南艺术职业学院</td></tr>
<tr><td>吴月英</td><td>女</td><td>74</td><td>一级导演（享受国务院津贴专家）</td><td>导演</td><td>本科</td><td>学士</td><td colspan="2">湖南艺术职业学院</td></tr>
<tr><td>翟清</td><td>女</td><td>50</td><td>二级演员</td><td>影视、戏剧</td><td>本科</td><td>学士</td><td colspan="2">湖南艺术职业学院</td></tr>
<tr><td>马千里</td><td>女</td><td>29</td><td>讲师</td><td>文艺学</td><td>研究生</td><td>硕士</td><td colspan="2">湖南艺术职业学院</td></tr>
</table>

（二）课题设计论证提要

1. 选题的理论意义和实际意义。2. 本课题研究的主要观点、主要内容和研究方法。3. 重点和难点分析。

课题的提出：

微电影，顾名思义，即微型电影，小电影。只要你是光影梦想的创造者，随手拿起一部手机抑或一台小型 DV，都可以成为生活中的导演。从微电影诞生伊始，便受到了年轻人的关注和追捧，微电影它正以一种独特的叙事方式与艺术魅力走进人们的生活。其中，许多优秀的少数民族题材微电影层出不穷。比如，由青年导演杨蕊执导的少数民族题材微电影《图腾之旗》，经网络平台播出，就受到众多网民追捧以及各大视频网站重点推介，点击率迅速突破 1000 多万，同时还摘获了亚洲微电影节、西安国际微电影节、第三届北京国际微电影节的诸多奖项。《戛洒往事》《彝剧》《最后的舞者》《俐侎阿朵》等一批优秀的少数民族题材微电影，也让观众印象深刻。这些微电影每一部都反映了少数民族特有的文化内核与民族气质，彰显了少数民族文化的强大生命力。

文化，需要传承。若是没有传承，就会彻底丧失生命力。目前，城市发展日新月异，少数民族年轻一代不断离开家园进入城市，逐渐远离文化的原生环境，民族文化传承的现状令人担忧。而微电影的出现，正好可以有效地推动民族文化的传承。它凭借其短小、精练、灵活等特点，迅速风靡于互联网，吸引更多少数民族年轻人参与互动。少数民族题材微电影深入挖掘民族故事，从视听角度完美解

（续表）

读民族文化，并采用创新、独特的叙事手段、拍摄技巧及剪辑方式，更符合年轻一代人的审美情趣，大大提高其观赏兴趣，迅速抓住观众的心，少数民族文化传播效果自然也就更好、更有效。

（1）时代发展的召唤。十八大和十八届三中全会，都强调了加强中华民族优秀传统文化教育，大力推进文化艺术产业的繁荣。做好少数民族题材微电影创作与推广研究，弘扬少数民族文化，是一个顺应时代发展的召唤而探索的论题。

（2）自身改革的需要。如何创作具有特色的、弘扬少数民族文化的艺术作品，课题的实践研究，将会对其越来越有价值。

（3）历史研究的填空。关于少数民族题材的微电影创作与推广研究还处在破题阶段，很有研究的必要。

选题的理论意义和实际意义：

（1）选题的理论意义

① 将完善与健全少数民族题材微电影创作理论研究

目前，少数民族题材微电影创作研究还处于起步阶段，对此方面的研究非常少，本课题的研究将完善并健全该领域，为实践创作提供了扎实的理论基础。

② 推动微电影创作的文化与内涵提升，打造具有少数民族特色的微电影作品。

少数民族题材可以为微电影创作提供新的文化载体和新的内涵建设，丰富了微电影创作的内容、方法、手段等。同样，少数民族文化也可以凭借微电影这一新颖形式广泛传播。

（2）选题的实际意义

① 有利于创新少数民族文化的传播方式。微电影集微信、微博、视频网站等公众平台于一身，它以其强大的、多样化的传播方式推动少数民族文化的发展与繁荣，促进民族文化软实力的提升。

② 有利于推进中国民族电影与民族文化的传承、发展与繁荣。少数民族题材文学作品充满着浓浓的异域风情和醇厚的艺术魅力，通过目前广泛流行的微电影这一表现手段，可使少数民族文化故事、艺术形象、精神风貌等在各类媒介大放光彩，受众在观看时会不知不觉地唤醒内心的民族自豪感与族群认同感，促进全国民族大融合，中国民族电影产业才有立足之地，中国民族文化才能广泛传播。

③ 有利于推动教学、科研和文化产业的发展。少数民族题材微电影创作研究给提升中国高校影视艺术专业的教学、科研水平和加快中国民族文化产业的发展都提供了新的思路和机遇。

本课题研究的主要观点、主要内容和研究方法：

（1）主要观点

① 少数民族题材微电影挖掘与开发，不仅可以提升微电影创作水平，而且可以有效推动少数民族文化的传播与发展。

② 全方位、立体化、多平台宣传推广策略，使少数民族微电影创作队伍不断壮大，品牌影响力日渐提升。

③ 少数民族微电影对于推动少数民族地区经济发展、产业升级有着重要意义。

（2）主要内容

① 当代价值研究

a. 拟从推动少数民族文化的发展和繁荣入手。

（续表）

b. 拟从打造具有少数民族特色微电影入手。 c. 拟从提升民族文化软实力入手。 d. 拟从推动教学、科研和文化产业的发展入手。 ② 少数民族题材微电影创作研究 a. 主题把握分析。拟从微电影故事选材、主题把握、历史背景设置、场景选择等方面入手。 b. 人物设置分析。拟从角色设置、性格塑造、细节刻画等方面入手。 c. 艺术手法分析。拟从叙事方式、镜头处理、音乐与音响的运用、剪辑方式等微电影创作的艺术手法入手。 ③ 少数民族题材微电影宣传推广研究 举办少数民族题材微电影大赛 国家民委、省民委、少数民族地区政府等可联合广电厅（局）、文化厅（局）以及相关机构、企业、高校，共同举办少数民族题材微电影大赛，题材、内容等可进行限定，大赛版块可丰富多样：主题研讨会，优秀微电影作品高校行，导演扶持计划等，通过比赛使创作者进一步了解民族文化，同时凭借大赛平台也可以多元化、广泛化传播民族文化。目前，像“多彩中华”微电影创作大赛、“民族风尚”微电影大赛、万峰林国际微电影大赛等赛事，由于多年举办，已具有一定的知名度，成为少数民族文化传播的重要平台。 推行“少数民族微电影工程项目” 2013 年 10 月 13 日，中国少数民族电影工程在北京正式启动。中国少数民族电影工程是由国家民委、中国作家协会参与的重要文化项目，以弘扬民族文化、繁荣电影事业、促进团结进步为主题，旨在为每一个少数民族拍摄至少一部电影。这项计划的实施迅速地推动了民族电影的发展和壮大。我们不妨可以借鉴，由省民委、少数民族地区政府及相关协会机构共同实施“少数民族微电影工程”项目，对少数民族题材微电影创作者进行扶持，有了政策与资金的支持，微电影创作才会更加精良，民族文化也才会更具生命力。 搭建微电影产业链 借鉴好莱坞电影产业模式，借力知名的、优秀的微电影作品，尝试开发图书出版、游戏动漫、主题公园、文艺汇演、特色旅游等周边产品，进而带动整个产业的发展。同时，政府机构主导搭建少数民族微电影产业链，在政策、资金、产业与舆论等方面应予以大力支持，积极引导民间资本和官方机构等投身于少数民族微电影产业链，使微电影成为推动少数民族地区经济发展、产业升级的重要载体。 开设相关研究机构 为了推动少数民族题材微电影更好更快发展，政府相关部门可与高校开展紧密合作，开设相关研究机构，如“少数民族微电影研究所”“少数民族文化研究基地”等，定期开展各类学术交流，给予微电影实践创作提供有力的理论支撑。 搭建全方位、立体化、多平台的宣传格局 通过传统媒体（广播、电视、报纸等）、新兴媒体（网络、手机、户外）、活动比赛等手段进行全方位、立体化、多平台的宣传格局，形成“传播合力”，凭借微电影手段强力推动少数民族文化的宣传与发展，唱响主旋律，传播正能量，营造积极向上、崇德向善的浓厚社会氛围。

（续表）

（3）研究方法 ① 文献研究法。收集整理国内外公开出版的相关学术著作、期刊论文和网络资料；学术会议上的资料；政策法规文件和政府部门的调研报告。该方法主要用于概念界定、观点佐证、理论对比等。 ② 内容分析法。以内容分析和定性研究为主，定义好研究问题之后，选择具体的案例，进行文本阐释、数据的准备分析，最后得到相关结论。 ③ 经验总结法。通过对大量微电影创作过程中出现的具体情况，进行归纳与分析，使之系统化、理论化，得出较为行之有效的结论。 ④ 实证研究法。拟在本学校进行实证研究，提出设计方案，通过观察、测验、论证等手段，找到合适方案，为课题研究提供实证参考。 **重点和难点分析：** （1）重点 ① 如何充分挖掘少数民族丰富的文化、精神内涵和旺盛的生命力； ② 借力微电影，如何有效推动少数民族文化传播与发展。 （2）难点 ① 少数民族题材微电影在题材把握与挖掘上有一定的难度； ② 少数民族题材微电影"怎么说?""说什么?"等问题有难度； ③ 少数民族题材微电影宣传推广策略。

（三）课题组成员已有与本课题相关的主要研究成果

成果名称	作者	成果形式	出版单位或发表刊物	出版发表时间
微纪录《情聚振华》《再见黑麋峰》	张睿	纪录片	荣获由湖南省教育厅主办的视频大赛"最佳作品奖"	2013年5月
微纪录《情聚振华》（关于偏远少数民族学生教育）	张睿	纪录片	荣获第六届中国大学生艺术节最佳纪录片奖	2013年5月
《纪录片〈舌尖上的中国〉特色分析》	张睿	论文	《艺术科技》	2013年10月
微电影作品《莲心》	张睿	微电影	荣获湖南省教育厅主办的"我的中国梦"微电影大赛"最佳摄影奖"	2014年3月
微电影作品《莲心》	张睿	微电影	荣获教育部思政司、国家网宣办主办的"我的中国梦"全国大学生微电影大赛"最佳作品奖"	2014年5月

（续表）

成果名称	作者	成果形式	出版单位或发表刊物	出版发表时间
微电影作品《重聚》	张睿	微电影	荣获湖南省教育厅主办的第四届大学生艺术展演“二等奖”	2014 年 11 月
微电影作品《等风来》	张睿	微电影	荣获湖南省教育厅主办的第二届“我的中国梦”微电影大赛“最佳摄影奖”“最佳导演奖”	2015 年 5 月
微电影作品《等风来》	张睿	微电影	荣获教育部思政司、国家网宣办主办的“我的中国梦”全国大学生微电影大赛“最佳作品奖”	2015 年 7 月
微电影广告《心相印爱相随》	张睿	广告	荣获由教育部高教司主办的第七届全国大广赛“二等奖”	2015 年 8 月
微电影作品《等风来》	张睿	微电影	荣获由中华文化促进会、韩国、日本政府机构主办的第十届亚洲国际青少年微电影节“最佳导演奖”	2015 年 10 月
广告《无烟生命》《父母的爱和孩子的爱》	张睿	广告	荣获由湖南省文明办、湖南省教育工委主办的第二届公益广告大赛“优秀奖”	2015 年 12 月
电视剧《瓜儿甜密密》	吴月英	电视剧	荣获由国家新闻出版广电总局主办的首届中国电视剧“飞天奖”	1980 年
《喜脉案》	吴月英	戏曲电视剧	荣获由国家新闻出版广电总局主办的第六届中国电视剧“飞天奖”	1986 年
《盘王之女》	盘琴	音像制品	武汉音像出版社	1999 年
《存亡继绝的江华瑶歌》	盘琴	论文	全省群众文化论文比赛二等奖	2008 年 10 月
《论在高校音乐教育中开设瑶歌课程的价值和实践》	盘琴	论文	《华章》	2013 年 8 月
微电影《瑶寨村官》	翟清、盘琴	微电影	教育部主办的全国大学生“中国梦·微电影”大赛荣获“最佳作品奖”	2013 年 9 月

（续表）

成果名称	作者	成果形式	出版单位或发表刊物	出版发表时间
《媒体视野下的湖南瑶族文化的保护、传承与创新研究》	翟清	论文	《当代青年》	2015 年 8 月
微电影作品《当国旗升起》（取材永州侗族女孩故事）	马千里	微电影	荣获北京电影学院 2015 年度“学院奖”优秀短片奖	2015 年 12 月
微电影作品《当国旗升起》（取材永州侗族女孩故事）	马千里	微电影	荣获北京大学生电影节原创影片大赛“组委会特别奖”	2014 年 5 月

（四）审核意见

审核单位	审核意见	备　注
课题负责人所在单位审核意见	申请书所填写的内容属实；该课题负责人和参加者的政治业务素质适合承担本课题的研究工作；本单位能提供完成本课题所需的时间和条件；本单位同意承担本课题的管理任务和信誉保证。 单位公章 年　月　日	申请书所填写的内容是否属实；该课题负责人和参加者的政治业务素质是否适合承担本课题的研究工作；本单位能否提供完成本课题所需的时间和条件；本单位是否同意承担本课题的管理任务和信誉保证。
省民族研究所意见	单位公章 年　月　日	对课题负责人所在单位意见的审核意见；是否同意报省民委终审；其他意见。
省民委终审意见	单位公章 年　月日	

课题 4：《新媒体视域下的瑶族音乐推广研究》

湖南省民族宗教事务委员会

立项通知书

盘琴　同志：

根据《湖南省民宗委课题调研工作若干规定》，经组织评审，决定由您承担湖南省民族宗教问题研究项目 2017 年度课题《新媒体视域下的瑶族音乐推广研究》（编号 2017-HNMY-020）。

请您于 2017 年 11 月 25 日前完成，并将结题报告电子版和纸质版一式 2 份报省民宗委民研所。实行滚动结题，课题一经完成，可随时提交结题报告。

完成课题并通过评审的，省民宗委给予适当课题研究经费资助。

省民宗委鼓励研究成果转化，并根据转化结果给予适当奖励。

联系人：吴国华

联系电话：0731-82356651　　邮编：410005

地址：长沙市芙蓉区营盘东路 70 号　湖南省民宗委

电子邮箱：minyansuo@163.com

湖南省民族宗教事务委员会办公室

2017 年 6 月 16 日

年　度	
编　号	
项目类型	

湖南省民委课题申请表

课题名称	新媒体视域下的瑶族音乐推广研究
负 责 人	盘　琴
通讯地址	湖南省长沙市望岳南路 87 号
联系电话	18874710383
所在单位	湖南艺术职业学院
填表日期	2016.3

湖南省民族宗教事务委员会
2015 年 3 月制

（一）课题组成员基本情况

<table>
<tr><td colspan="2">课题名称</td><td colspan="9">新媒体视域下的瑶族音乐推广研究</td></tr>
<tr><td colspan="2">负责人姓名</td><td colspan="2">盘琴</td><td colspan="2">性　别</td><td>女</td><td>民族</td><td>瑶族</td><td>出生年月</td><td>1969.6</td></tr>
<tr><td colspan="2">行政职务</td><td colspan="2"></td><td colspan="2">专业职务</td><td colspan="2">二级演员</td><td>研究专长</td><td colspan="2">音乐教育</td></tr>
<tr><td colspan="2">最后学历</td><td colspan="2"></td><td colspan="2">最后学位</td><td colspan="2"></td><td>担任导师</td><td colspan="2">无</td></tr>
<tr><td colspan="4">所在省（自治区、直辖市）</td><td colspan="4">湖南省</td><td>所属系统</td><td colspan="2">文化厅</td></tr>
<tr><td rowspan="5">主要参加者</td><td>姓　名</td><td>性别</td><td>年龄</td><td>专业/行政职务</td><td>研究专长</td><td>学历</td><td>学位</td><td colspan="3">工　作　单　位</td></tr>
<tr><td>翟　清</td><td>女</td><td>49</td><td>影视系副主任</td><td>影视表演</td><td>本科</td><td>学士</td><td colspan="3">湖南艺术职业学院</td></tr>
<tr><td>周新娟</td><td>女</td><td>34</td><td>教务处副处长</td><td>教学管理</td><td>本科</td><td>学士</td><td colspan="3">湖南艺术职业学院</td></tr>
<tr><td></td><td></td><td></td><td></td><td></td><td></td><td></td><td colspan="3"></td></tr>
<tr><td></td><td></td><td></td><td></td><td></td><td></td><td></td><td colspan="3"></td></tr>
</table>

（二）课题设计论证提要

1. 选题的理论意义和实际意义。2. 本课题研究的主要观点、主要内容和研究方法。3. 重点和难点分析。

选题的理论意义和实际意义：

（1）课题的提出

瑶族是一个勤劳善歌的民族，“瑶俗最尚歌，男女杂踏，一唱百和”的诗句印证着瑶族无歌不欢的习俗，田间地头、瑶族人所在的每一处地方、喜庆节日等，瑶族人都喜欢用瑶歌来表达内心的情感。包含声乐和器乐在内的瑶族音乐以纯朴的情感演绎，极具地方特色而流传不息。瑶族音乐初步统计有喜、怒、哀、乐等 20 余种。

湖南江华瑶族自治县是湖南省唯一的瑶族自治县，也是全国 13 个瑶族自治县中瑶族人口最多的县，被誉为“神州瑶都”。江华具有鲜明民族特色和地方色彩的民族民间文化活动奏铛，有纪念盘王，用瑶族传统唱腔歌唱的盘王大歌。瑶族音乐已不仅局限于瑶族自治县、瑶族聚居区，而是以原生态的无穷魅力走出了瑶山。

瑶族音乐是民族音乐的瑰宝，承载着传承和发展中华优秀传统文化的重担，在西方文化不断渗透侵入的当下，利用形式丰富、传播速度快、覆盖面广的新媒体技术的发展，推广民族文化，推广极富民族特色的瑶族音乐，丰富和满足人们的精神文化需求，抵御西方文化的渗透。

（续表）

（2）选题的理论意义 瑶族音乐原生态的表演风格彰显了民族音乐的特色，以新媒体为载体，制作形式多样、画面感强的瑶族音乐作品，推广瑶族音乐，对其他少数民族音乐的推广和传承具有一定的借鉴意义。 （3）选题的实际意义 课题研究将探讨在“互联网＋”的新媒体的发展视域下，利用新媒体传播速度快、受众面广的特性对瑶族音乐进行推广，搭建瑶族音乐与传播者和传承者之间的桥梁，突破传统的瑶族音乐局限于瑶族聚居地推广的局限性，将其面向广阔的社会人群，让更多的人熟悉了解瑶族音乐特性，喜欢瑶族音乐，加入瑶族音乐的传承和发展中。 本课题研究的主要观点、主要内容和研究方法： 创新是民族音乐传承推广的法宝，本课题的研究以新媒体视域下的新媒体手段推广瑶族音乐为基础，以对瑶族音乐的二度创作、舞台和表演形式的创新为主线进行展开。 （1）主要观点 ① 在实践中开展以网络媒体、手机媒体、数字电视等新媒体技术为载体的推广瑶族音乐的新形式。 ② 结合新媒体技术的特点，创作以瑶族音乐为主要内容的MV、微视频、微电影等，让用户在使用网络媒体、手机媒体、数字电视等新媒体时接触和感受到瑶族音乐的无穷魅力，并通过新媒体继续推广传播瑶族文化，扩大瑶族音乐的受众面。 （2）主要内容 ① 瑶族音乐推广情况现状调查。 ② 瑶族音乐多媒体推广的可行性分析。 ③ 瑶族音乐推广的数码化。在推广瑶族音乐的全过程贯穿现代数码技术：宣传、节目摄录过程的数码加工、数码广播等。 ④ 建立瑶族音乐库。以多媒体技术为载体建立瑶族音乐库，收集原生态的瑶族歌唱演奏曲目，如月下瑶山、盘王歌、青衣瑶歌、千年瑶寨、长鼓舞曲等，展示瑶族音乐的魅力。 （3）研究方法 本课题研究将采用文献资料法、调查法、对比研究法等方法。 文献资料法：通过文献检索和网站搜索，查阅全国在新媒体视域下瑶族音乐推广的推行力度和取得的成效，分析新媒体视域下瑶族音乐推广的必要性和可行性。 调查法：通过对瑶族音乐推广现状的调研，形成研究报告，为新媒体视域下瑶族音乐的推广模式构建提供可行性方案。 对比研究法：拟采用新媒体视域下的瑶族音乐推广和传统表演推广的方法进行对比，以此来探索更加科学、合理的推广民族音乐的方式方法。 研究的重点、难点分析： 新媒体在民族音乐推广领域中的应用，瑶族音乐借助不同的新媒体手段进行全方位的展示，如何融合瑶族音乐特征，运用民族音乐元素创编新媒体音乐作品，扩大瑶族音乐的受众面，推动瑶族音乐的推广是本次课题研究的重点。但由于新媒体离不开数码技术的支持，在拍摄制作、技术人员的配备方面给课题的研究带来了一定的难度。

（续表）

（1）瑶族音乐大部分是在瑶族聚居区以传统的方式进行推广，运用新媒体等新形式的较少，且没有相匹配的技术条件支持，缺少运用新媒体推广的专业团队。 （2）瑶族音乐新创作品有限。基于传统瑶族音乐基础上的创新作品不多，充分运用瑶族音乐素材，结合时代元素创作新的音乐作品，贴近受众面的视觉、听觉需求，用他们喜闻乐见的方式推广瑶族音乐。 （3）以瑶族音乐推广为基础，探讨推广其他少数民族音乐的方法途径。

（三）课题组成员已有与本课题相关的主要研究成果

成果名称	作者	成果形式	出版单位或发表刊物	出版发表时间
《以媒体为手段推进湖南瑶族文化的保护、传承与创新研究》	翟清	课题	湖南省民族事务委员会	2014 年
《传统节日文化在基础教育中的普及研究》	周新娟	课题	湖南省社会科学院	2015 年
《新课程改革制约中学历史教学的问题研究》	周新娟	课题	湖南省教育科学规划办	2014 年
《探寻传承桑植民歌之路》	周新娟	论文	《文艺生活》	2014 年

（四）审核意见

审核单位	审核意见	备　注
课题负责人所在单位审核意见	单位公章 年　月　日	申请书所填写的内容是否属实；该课题负责人和参加者的政治业务素质是否适合承担本课题的研究工作；本单位能否提供完成本课题所需的时间和条件；本单位是否同意承担本课题的管理任务和信誉保证

（续表）

审核单位	审核意见	备　注
省民族研究所意见	单位公章 年　月　日	对课题负责人所在单位意见的审核意见；是否同意报省民委终审；其他意见
省民委终审意见	单位公章 年　月　日	

二、相关论文

以媒体为手段推进湖南瑶族文化的保护、传承与创新研究

翟　清（湖南艺术职业学院）

摘　要　湖南瑶族文化保护传承创新遇到的难题，需要媒体发挥其独特优势参与其中，并发挥主力军作用。在这一过程中，媒体要深刻挖掘湖南瑶族文化精髓、特质，唤醒少数民族文化自觉，加强对保护传承创新成果的版权保护，最终使湖南瑶族文化焕发新的青春活力。

关键词　媒体；湖南瑶族文化；保护；传承；创新

湖南是一个多民族的省份，有 50 多个民族。湖南瑶族占全国瑶族 50％以上。永州是湖南瑶族主要聚居地，至清代时，永州各县都有瑶民居住，聚居地为“峒”。而江华瑶族自治县是全国瑶族人口最多瑶族自治县，也是湖南省唯一的瑶族自治县。截止 2011 年，全县人口 49 万，其中瑶族人口 29 万，占总人口的 59.2％，占全国瑶族人口的十分之一，被誉为“神州瑶都”。瑶族人民有着自己独特的文化和习俗信仰，民俗文化资源非常丰富多彩，是中华文化大家庭的重要成员。

我们在讨论如何以媒体手段推进湖南瑶族文化保护传承与创新的问题时，首先要面对一个问题，就是湖南瑶族文化的现状，现有的自我保护传承方式落后，手段不足。当前，我国少数民族传统文化普遍面临的危机是：一些民族歌谣、曲艺、传说等已开始失传；一些精湛的民族工艺和建筑开始衰微；一些灵验有效的民族医药乏人继承。在全球一体化的大背景下，民族文化的保护传承创新已成为民族研究和工作的重大课题和难题。

什么是文化？19世纪的人类学家泰勒给出了经典定义。他说文化是一个“复杂的整体，包括知识、信仰、艺术、道德、法律、风俗以及作为一个社会成员的人的获得任何其他能力和习惯”①。本尼边克特也说：“每一种文化代表自成一体的独特的和不可替代的价值观念，因为每一个民族的传统和表达形式是证明其在世界上存在的最有效手段”②。文化是一个民族的身份证明，也是一个民族繁衍延续的根本保证。没有自己独立文化的民族是难以长久存在下去的。历史告诉我们，要消灭一个民族，仅仅在肉体上消灭是不够的，必须摧残其精神，灭绝其文化。因此，一个民族的存在，其民族文化的保护、传承、创新就显得尤为重要。

（一）湖南瑶族文化保护传承创新工作现状

在湖南瑶族文化的保护传承创新方面，湖南省各级政府及民委部门、新闻媒体宣传部门及社会有识之士付出了很大努力，想了很多对策和办法，取得了不少成绩。无论是瑶族的道德习俗、服饰文化、婚姻习俗、丧葬习俗、节庆与禁忌习俗、文学艺术及建筑、医药等文化元素都保存得相对比较完整。江华瑶族自治县每年举办盘王节，在节日期间，瑶族的风俗习俗如长鼓舞、盘王大歌、祭祀等得以展示。瑶歌“枯滴”“蝴蝶歌”“过山谣”“盘王之女”等经瑶族歌唱家盘琴演唱演绎，制作成视频、光盘，便于永久保留。但是，在湖南瑶族文化的保护传承上，仍然未能摆脱传统的方式，即口耳相传，师徒相授，面临“人在艺存，人亡艺失”的尴尬。这种方式难以抵挡信息全球化、经济一体化及旅游开发的冲击。加之许多瑶族年轻人外出打工或就业，不再身着瑶族服装，不懂瑶族的风俗习性，也不会说瑶语，在他们的身上，瑶族文化的特征已很少体现。久而久之，瑶族文化的存续及其生命力就会难以维系。

（二）充分发挥媒体在湖南瑶族文化保护传承创新中的优势

民族文化的兴盛，能增强民族的凝聚力和自豪感，推动民族走向繁荣发展。民族文化的弘扬需要多层次、多形式的展示平台，而广播、电视、电影、报纸杂志、互联网等媒体作为承载文化传播功能的载体，理应为湖南瑶族文化的保护、传承、创新提供更多空间和舞台，做出更大的努力和尝试。

传媒化是现代化的重要标志，民族文化的传媒化是一个不可避免的趋势。传媒化实质上就是运用大众传媒手段把民族文化的相关内容编辑为大众传播文本，从而使民族文化纳入大众传播轨道的过程[3]。

拉斯韦尔认为，大众传播社会功能其中之一就是社会遗产传承功能。他说，人类社会的发展建立在继承与创新的基础之上，只有将前人的经验智慧、知识加以记录积累、保存并传给后代，后人才能在前人的基础上做进一步的完善、发展和创造。而传播正是保证社会遗产代代相传的机制。

媒体，不论是报刊杂志，还是电影电视，抑或是互联网，作为文化传播载体在传统文化的保护传承中有着不可推卸的责任，更有其独特的优势。其具有传播速度快、信息容量高、影响大、受众广、辐射力强、高保真，便于记载保存且可复制。媒体对民族文化的传承与发展扮演着越来越重要的角色，应成为少数民族信息沟通的主要方式，从而改变由口耳相传的人际传播或亲密和谐的群体传播等方式。往往一本通俗易懂的书籍、报纸杂志，一部原汁原味，真实反映少数民族文化的电影、电视给人的印象特别深刻，令人难以忘怀。

我们应当充分发挥图书出版、广播电视、网站、互联网等各种传媒载体的功能，多角度、多视域切入。这方面广西、新疆地等对少数民族文化的宣传介绍就做得比较到位。如电影《刘三姐》、张艺谋导演的《印象刘三姐》就很好地反映了广西壮族的文化、传统，其山歌、服饰、风土人情使观众非常熟悉，家喻户晓。新疆维吾尔族、哈萨克族的歌舞、服饰等通过广播电视得了完整保护、传播。

不容讳言，当前媒体不同程度地存在着对少数民族文化的误读，不尊重民族文化，往往以简单化、奇观化、模式化、标签化的镜头传播少数民族文化。这种传播方式不仅误导受众对少数民族文化景观的真实感受和真实价值认知，同时也抹掉了各地少数民族文化间的差异性， 定程度上加速了少数民族文化的消亡，影响了少数民族文化生命力的延续[4]。

同时，受商业利益的驱使，媒体传播呈现出一种短期、短视、快餐化的趋势，不愿意沉下心来做细致的工作。片面追求眼球效应，追求大场面、豪华的阵容，美轮美奂的现代舞美，三两个文化记忆的碎片，将民族文化元素弄得支离破碎。甚至有时进行无端的戏说、编造假的传说故事、无聊的调侃来取悦受众。这些情况都是不尊重民族文化的表现，对民族文化的保护传承有百害而无一益。

（三）以媒体手段扎实推动湖南瑶族文化保护、传承、创新

在湖南瑶族文化保护传承创新中，媒体要解决的就是“谁在说?”“怎么说?”“说什么?”的问题。

首先，媒体应成为承担保护传承创新任务的主力军。

报刊、电影电视、网络作为文化的重要载体，自觉传播少数民族文化，建立起应有的价值判断和价值选择，赋予少数民族文化深厚的价值内涵，积极利用现代传播技术提升少数民族文化的影响力，延续少数民族文化的生命力，是媒体应负的社会责任。

媒体已经成为人们观察世界、传播文化的共同工具和视角。盖尔纳认为："媒体不是在传播碰巧提供给它的一种思想。提供给媒体什么思想并不重要：正是媒体本身，这种抽象的、集中的、标准化的、一点对多面的交流方式的普遍性和重要性，自然地产生了民族主义的核心思想，而传播的具体信息包含的特殊内容却不重要。最重要的持续不断的信息，产生于媒体本身，产生于这种媒体在现代生活中具有的作用。这个核心信息就是，传播的语言和方式是重要的，只有能够理解这些信息或者具有理解能力的人，才能进入一个道德和经济的社群，而不理解或者没有理解能力的人便被排斥在外。……原因就在于，大众媒体在这种社会里起着普遍的、决定性的作用，至于具体说了什么并不重要。"⑤

媒体应当科学全面与时俱进地认识少数民族及少数民族文化，深刻表现和揭示民族文化的深刻内涵、文化底蕴，包括民族风情、历史人物、社会生产生活、思想感情。不能为民俗而民俗，为文化而文化，要放在当前的这种文化强国、文化强省的大背景下去思考。为少数民族文化提供更好的生存环境，推动少数民族题材电影电视、网络作品健康发展。充分利用现代技术装备，利用3D、4D技术还可以对古代的一些情景进行复原、再现，多视角、形式、立体地、全方位地反映其民族文化。

媒体应当加大对湖南瑶族文化的报道力度，使其成为地方媒体和主流媒体经常性的报道议题。如对瑶族的传统节日如盘王节进行报道，使更多的人了解瑶族文化。文艺节目也要给它足够的空间和展示的舞台。记得前几年，中央台的青年歌手大奖赛就设置了原生态唱法，其唱法犹如天籁之音，给人以一种美的享受。这对少数民族艺术的保护、弘扬就大有裨益，可以激发少数民族对自己文化的敬重和珍爱及自豪感。

对于湖南瑶族文化，媒体可记载、反映的东西很多。如瑶族的节庆风俗、道德习俗、接人待客之道等。瑶族除过春节、清明节、端午节、中秋节等外，还有自己特有的传统节日，如十月十六日盘王节，二月初一赶鸟节，十月十六日倒稿节、歌堂节，三月初三的干巴节，五月二十九日达努节，五月二十九日夕九节（即瑶族的除夕）、耍歌堂、啪嗄节等。

瑶族祭祀祖先盘王主要在盘王节举行，海内外的瑶胞都十分重视这一民族祀典。

节日期间，瑶族人民杀鸡宰鸭，男女老少穿上节日盛装，汇集一起。节日仪式由4名正师公主持，各司其职，还愿师、祭兵师、赏兵师、五谷师，每人1名助手，共8人，此外还有4名歌娘歌师、6名童男童女、1名长鼓艺人和唢呐乐队参与。活动的主要内容包括祭祀盘王和欢庆丰收。设置祭坛，悬挂诸神像，正中最大的一张就是盘王像，左右是真武、功曹、田公、地母等的神像。祭祀开始，鸣火枪三响，接着鞭炮齐鸣。在鞭炮声中，族老寨老在神像前供奉猪头、糯米粑、鸡肉、酒等祭品，人们面对神像，低头默祷，表示敬仰、怀念。祭毕，众人唱盘王歌，跳长鼓舞，追念先祖功德，歌颂先祖英勇奋斗精神。分为"请圣、排位、上光、招禾、还愿、谢圣"等环节，整个仪式中，唢呐乐队全程伴奏，师公跳《盘王舞》《铜铃舞》《出兵收兵舞》《约标舞》《祭兵舞》《捉龟舞》等。恭请瑶族各路祖先神参加盘王节的各种文艺娱乐活动，吟唱表现瑶族神话、历史、政治、经济、文化艺术、社会生活等内容的历史长诗《盘王大歌》。

饶有风趣的“挂袋子”与“瓜箪酒”，是瑶家待客的典型礼节。

瑶族对祖先很尊敬，习惯在进餐之前先念祖先几辈姓名，表示祖先先尝后子孙才能受用。尤其对丰盛的餐食更是如此。每逢节日必备猪肉、鸡、鸭和酒等祭拜祖先，吃饭座次也有讲究：老人和尊贵的客人须坐上座。遇有客人，要以酒肉热情款待，有些地方要把鸡冠献给客人。瑶族在向客人敬酒时，一般都由少女举杯齐眉，以表示对客人的尊敬；也有的以德高望重的老人为客人敬酒，被视为大礼。

在风俗习惯方面，湖南瑶族一直保持本民族传统特点，尤其在男女衣着上更为明显。瑶族妇女善于刺绣，在衣襟、袖口、裤脚镶边处都绣有精美的图案花纹。发结细辫绕于头顶，围以五色细珠，衣襟的颈部至胸前绣有花彩纹饰。男子则喜欢蓄发盘髻，并以红布或青布包头，穿无领对襟长袖衣，衣外斜挎白布“坎肩”，下着大裤脚长裤。瑶族男女长到十五六岁要换掉花帽改包头帕，标志着身体已经发育成熟了。

《盘王大歌》，是瑶族卓异的组歌。瑶族，相传为盘王的后裔，据说，瑶族在迁徙途中渡海时，突遇狂风大浪，遂向盘王祈祷，许上“良愿”，才得以平安脱险。为感谢盘王，瑶族此后便每年过“盘王节”，“还盘王愿”，一直沿袭至今。而《盘王大歌》，便是其中的主要内容和核心。现在发现的最早抄本是清朝乾隆年间的，其他有关内容主要是在民间口头流传。《盘王大歌》，约 3000 行，分为三十六段式、二十四段式。

《评皇券牒》，是瑶族民间流传和珍藏的一种汉字文书，是弥足珍贵的瑶族古文献资料。史载《评皇券牒》于唐朝贞观二年敕旨。千百年来，成了瑶族争取民族平等、捍卫民族权益的凭证，是瑶族世代相传的“过山榜”“护身符”。现在，在广西、湖南、广东的瑶族聚居区，均发现了南宋、明朝以及清康熙、乾隆、光绪与民国等不同时期的《评皇券牒》手抄件。

《瑶族经书》是一套瑶族民间手抄形式传承下来的典籍全书，全书分有《盘王书》《师歌书》《合盘书》《清醮书》《五谷书》等，现存 35 册，大约 35 万字。书中的内容涉及本民族的政治、文学、艺术、医学等多个领域，被誉为民族民间文化的奇迹，也被认为是瑶族的百科全书。

瑶族有自己的语言，瑶族语言支系复杂，有多种方言，但没有本民族文字，普遍适用汉语文字。

这些湖南瑶族文化中的民风民俗经典故事、神话传说、名人趣事都是瑶族文化的历史积淀，值得媒体人通过我们的笔头、镜头去捕捉、去挖掘、去整理、去记录、去传播，可以做成大型的纪录片，也可以是一个个短小精悍的小故事、小短片。更需要我们到瑶族聚居的地方去开展田野调查，遍访民间艺人、传承人，将一个个破碎零散的故事片断加以整理，拍成电影电视片，通过电影电视网络进行传播。可以在省、市电台电视台开通湖南瑶族专用频道或栏目，专门播放反映瑶族的纪录片、风情片等。

借助媒体力量，介绍宣传瑶族文化，有不少成功的范例。1993年拍摄的电影《中国瑶族》就以大量的素材全方位展现了中国瑶族的风土人情、习俗、礼仪等文化特质。而最近由湖南艺术职业学院拍摄的《瑶寨村官》，通过修建涔天河水库开发旅游，发展经济，瑶民舍小家为大家移民搬迁的故事，呈现了湖南江华瑶族的长鼓舞、歌舞、音乐、服饰、民居、祭祀、礼仪等重要文化元素，反响很好，得到了江华领导和瑶族同胞的肯定和喜爱，并在湖南首届大学生“我的中国梦”微电影大赛中获大奖，并获得长沙市“五个一工程”奖[6]。

其二，要深入挖掘湖南瑶族文化深层的文化内涵、特质。

媒体在推动湖南瑶族文化保护传承过程中，要全面反映湖南瑶族文化内涵，挖掘其文化的精髓，体现其文化特质，体现与他民族的差异性。

民族文化，是一个民族区别于他民族的根本性特征。媒体应当科学全面、与时俱进地认识少数民族及少数民族文化，深刻表现和揭示民族文化内涵、文化底蕴，包括民族风情、历史人物、社会生产生活、思想感情。不能观感化、标签化、妖魔化，避免“猎奇”倾向，去娱乐化和调侃。

要充分尊重、挖掘湖南瑶族文化与他文化的差异性。差异性是一个民族有别于其他民族的根本特征，是一个民族的符号。具体表现在少数民族文化的各个方面，如语言、文字、服饰、祖先崇拜、祭祀、民居等方面。否则将会是千人一面，无法展示一个民族的特质。民族文化的差异性正是实现流通的先决条件，也是其存在的基础。我们要克服肤浅地对民风民俗人为搬演，表象地对文化符号的堆砌，避免缺乏文化内涵、心理气质、精神理念与思想深度的叙事[7]。媒体不能追求轰轰烈烈、夺人眼球的效应，要沉下心去挖掘湖南瑶族文化的内涵、特质，体现它与其他民族的差异和独特之处，要发现湖南瑶族与其他省的瑶族的差异，也要挖掘湖南省境内瑶族不同支系的差异。

要充分尊重湖南瑶族文化的禁忌习俗，做到“入乡随俗，入禁问禁”。要以人民群众特别是湖南瑶族群众喜闻乐见、乐于接受的方式进行报道传播。在对瑶族文化发掘整理时要了解、注意瑶族的禁忌，在媒体上展示瑶族文化时更要力避禁忌，不要触犯其禁忌。触犯其民族禁忌，可能被视为亵渎其神灵、祖先。历史上因违背民族禁忌而引发社会动荡甚至骚乱、战争的事例不胜枚举。湖南瑶族同样也有其禁忌。如到瑶家做客，就有一些禁忌，否则会引起主人的反感。这些禁忌主要是：忌用脚踏火炉撑架；忌在火炉里烧有字的纸张；进入瑶家忌穿白鞋和戴白帽，因为象征丧事；忌坐门槛；穿草鞋不能上楼；不能坐主妇烧火的凳子；到木排上，忌“伞”，言及“雨伞”时，要说“雨遮”，因“伞”与“散”谐音；遇人伐木时，忌说“吃肉”“死”之类不祥之语等。

崇拜盘王的瑶族过去普遍禁食狗肉；辰溪县瑶族农历七月五日前禁食黄瓜。绝大部分瑶族禁食猫肉和蛇肉。有的地方产妇生产后头几天禁食猪油。瑶族祭神，一般用猪、鸡、鸭、蛋、鱼等食品，忌用狗、蛇、猫、蛙肉。

这些禁忌习俗，媒体人在工作过程中必须遵从，不能轻易触犯，否则事与愿违。

其三，以媒体力量唤醒少数民族的文化自觉。

“文化自觉”是由费孝通教授最先提出来的，所谓文化自觉是指“生活在一定文化中的人对其文化有‘自知之明’，明白它的来历、形成过程，所具的特色和它发展的趋向，不带任何‘文化回归’的意思。不是要‘复旧’，同时也不是主张‘全盘西化’或‘全盘他化’。自知之明是为了加强对文化转型的自主能力，取得决定适应新环境、新时代的文化选择的自主地位”[⑧]。

媒体在保护传承创新中，还要充分利用媒体自身的力量，唤醒少数民族群众的文化自觉。通过媒体的努力，使少数民族文化以不同的形式进入主流媒体，在广播电影电视网络上有声、有形，在主流媒体有它的一席之地，体现出国家对多元化文化的重视，也使少数民族重新审视评价自己的文化，形成一种保护、发扬本民族文化的自觉，促使少数民族成员积极投入民族文化的保护。民族地区经济、教育、文化的发展，也确实唤起了一部分少数民族的精英对本民族文化的自觉表达意识。这种投入，可以说是少数民族一种真正的发自内心的自觉自愿行为，是怀着对本民族文化的敬仰而不计报酬的付出，是一种可持续的可靠力量。只有他们亲身参与其中，民族文化的保护传承才更能保障其原汁原味。我认识几位江华瑶民的成功人士，他们正在积极筹资、筹拍一部三十六集电视剧，目前正在向全球瑶族同胞发送英雄帖，征求剧本、招募导演，力图通过电视剧全面反映瑶族文化的方方面面。这一举动必将对湖南瑶族文化的保护传承起到很大的推动作用。

（四）在保护传承中创新赋予湖南瑶族文化新的生命

民族文化是一个民族独立的重要力量和标志，是一个民族繁荣昌盛的重要体现，是一个民族发展的重要动力和根基。民族文化的创新是民族文化建设的根本问题。文化起源于创新，又靠创新来发展。没有创新的文化，将是没有前途的。同样道理，湖南瑶族民族文化要敢于面对，不怕挑战，要在与汉族文化、其他文化的不断碰撞中锤炼和发展，不能封闭自守，在维护本民族文化的独特性、差异性的前提下，保持文化的开放性和包容性，加强与他文化的交往与沟通。

媒体在传播民族文化时必须有所选择、取舍。传统文化不能等同于优秀文化，也不等于文明。我们既反对文化复古主义，也反对文化虚无主义。在强调原汁原味的传统特色的同时，要对落后的陋习、恶俗、愚昧的东西予以摒弃。

要加强版权保护，保护权利人的权益，才可以更好地鼓励更多的媒体人参与湖南瑶族文化的保护传承创新。“在所有文化文本的版权都被法律保护的今天，民族文化的传统文本却被有意无意地搁置在了版权保护的范畴之外。在文化资本的逻辑看来，民族文化就像空气和水一样，是可以随意得到的自然的资源。于是，对民族文化的所谓‘借用’就成了当代商业文化文本生产的一种常态。一边是商业文化在借用民族文化资源获取巨额商业利润，另一边是民族文化主体不能使用自己的文化投入文化产业的无奈和愤怒”[9]。版权保护的缺失，严重影响了媒体人和其他组织或个人参与民族文化保护传承的积极性。对此媒体要加强呼吁，媒体自身在开展湖南瑶族文化保护传承创新过程中形成的成果更要积极申请版权保护。对于反映湖南瑶族文化的文本、书刊、电影电视及视频音频等资料都应当纳入版权保护的范围，切实保护权利人的权益。凡进行商业、旅游等非公益活动开发利用都应当重复版权所有人许可并进行有偿使用。

在社会各界的共同参与下，特别是在媒体努力推动下，湖南瑶族文化的保护传承创新一定会取得令人欣喜的成就，湖南瑶族文化定能焕发出新的青春活力，一定能实现费孝通先生对中华文化提出的一个“各美其美，美人之美，美美与共，天下大同”的美好愿景。

参考文献：

① 黄光学，施联朱．中国的民族识别——56 个民族的来历［M］．北京：民族出版社，2005：2.

② 本尼边克特·安德森．想象的共同体［M］．上海：上海人民出版社，2003.

③ 程郁儒．民族传媒化［M］．北京：中国社会科学出版社，2012.

④ 卢燕娟．地域还应只是“标签”［O］．人民日报，2013－01－08.

⑤ 厄内斯特·盖尔纳．民族与民族主义［M］．上海：上海人民出版社，2006：166.

⑥ 微电影《瑶寨村官》。

⑦ 陈旭光，胡云．文化想象、身份追寻与“差异性”的文化价值取向［J］．上海大学学报，2012（1）．

⑧ 费孝通．从反思到文化自觉和交流［J］．读书，1998（11）．

⑨ 程郁儒，富颖．论民族文化的大众传播属性［J］．陕西师范大学学报（社会科学版），2013（4）．

新媒体戏剧视野下的少数民族文化推广研究

湖南艺术职业学院　周新娟

摘　要　少数民族文化作为中华传统文化中不可分割的重要组成部分，在西方文化的侵蚀与现代社会的日新月异中，遭遇了推广与传承的瓶颈。如何利用新兴的网络科技下的新媒体戏剧积极推广少数民族文化迫在眉睫。

关键词　新媒体戏剧；少数民族；文化；推广

此项目为2015年度湖南民族研究课题，编号HNMY2015－048研究成果。

湖南位于中国南部，是我国西南少数民族文化的重要发祥地之一，在境内居住着瑶族、土家族、苗族、侗族等少数民族，总人口达658万人。悠久的历史积淀了多元的民族和文化，给湖南创造和保留了丰富的非物质文化遗产。伴随着西方文化的侵入，我们的民族文化，尤其是少数民族文化受到强烈的冲击，逐渐淡出人们的视野。文化强省战略下的湖南人应与时俱进，提高优秀传统文化传承的自觉性，担负起民族文化推广的重任。

（一）少数民族文化推广现状

文化是一个国家和民族兴旺发展的源泉和动力，文化的影响力和感召力是巨大的。有着几千年文明积淀的中华民族传统文化是我们宝贵的精神财富，作为传统文化不可或缺的少数民族文化则是我们民族丰富的精神家园，承载着我们的民族价值观和希冀，是其他文化和社会经济发展不可替代的。少数民族文化是动态发展的，随着时代的进步和文化的繁荣发展而更加丰富，但我们也深深感受到时代的变迁和经济的快速发展对少数民族文化的同化。面对这一问题，我们要理性分析少数民族文化推广过程中存在的问题。

1. 少数民族文化的纯朴性悄然改变

文化是社会改革的动力，社会的发展又影响和制约着文化的发展和推广。长期形成和发展起来的少数民族文化有着自己独特的印记，充满神秘色彩的文字、祭祀活动，形成独特的演唱、舞蹈、服饰技艺。随着经济社会的不断发展，少数民族群体逐渐地走出固有的生活圈子，融入现代社会大环境中，自觉不自觉地接受着现代生活方式，尤其是在西方文化的侵蚀中，少数民族文化逐渐地失去了最初的纯朴和原有的文化特质，失去了民族性。

2. 少数民族文化传承人后继乏人

少数民族的延续发展源于他们文化的一脉相承，文化是民族凝聚力的基石。少数民族文化的传承和发展需要一代又一代民族人的不懈努力与付出。在文化繁荣发展的当下，少数民族文化的传承者逐步走出祖辈繁衍生息的地方，离开了民族文化的繁殖地，在紧张的现代生活节奏中疏于自己民族文化的传承和推广。有的热衷于自己民族文化的推广宣传，但杯水车薪，受众面狭窄，独木难成林。少数民族人口不占优势，加之少数民族文化的推广没有铺开，喜欢和愿意传承少数民族文化、高素质的传承推广者屈指可数，影响了少数民族文化的高质量普及延续发展。

3. 少数民族文化的物质化倾向

少数民族作为中华民族一个特殊的民族群体，散居于各地，形成了大杂居、小聚居的民族居住形式，独特的居住形式影响了少数民族经济的发展。长期以来，少数民族文化体现的是精神层面的需求，对美好生活的祈盼。我们要实现经济社会的稳定发展，全面实现小康社会，少数民族面临着较大的压力。在发展民族特色经济中，将民族文化纳入经济发展的过程中，当文化为创造经济效益服务时，少数民族文化的文化内涵、理想信念等内容就会为吸引人们眼球服务。部分地区出现了为适应当地经济开发需求对少数民族文化生态资源进行平整的，缺乏长期保护机制的短期应对行为；为建设现代化城镇的需要对少数民族文化遗址和古迹进行商业开发，破坏其原有风味；为对接全国各地游客观光少数民族表演形式的大量需求，对少数民族的演唱语言进行修改，原有的语言魅力和韵味荡然无存；诸多种种，折射出少数民族文化在传承和推广中出现了物质化的倾向。

4. 少数民族工艺的产业化

少数民族的服饰、建筑、饮食、表演道具等大多均为传统手工制作完成，生产周期长却精美绝伦。随着旅游经济的发展，富有民族文化特色的手工艺制品供不应求，依靠传统手工制作不能产生明显的经济效益，烦琐的生产工艺也缺乏继承者，取而代之的是大量的产业化生产，全国各地的少数民族文化特色旅游售卖的纪念品如出一辙，同质化严重，一些珍贵的制作工艺、表演技艺濒临失传。

（二）新媒体戏剧的产生

随着网络的普及，在新的技术支撑体系下出现的诸如微信、数字电视、触摸媒体等媒体形态，具有形式丰富、传播速度快、覆盖面广的特点，且不受时间、地点、空间的影响和制约，被称之为新媒体。新媒体技术不仅促进了戏剧形态的改革创新，而且有力地推动了戏剧观念与戏剧媒体的伟大变革，逐渐形成了网络戏剧、手机戏剧、虚拟现实戏剧等形式多样的新媒体戏剧。新媒体戏剧产生后迅速地渗透到了舞蹈、音乐、话剧、曲艺、杂技等表演艺术中，推动了表演艺术的变革发展。新媒体戏剧在众多的表演形式中崭露头角，大力促进了文化的繁荣发展。面对少数民族文化的日益萎缩，作为新时代的我们应当不断提高文化自觉和自信，借助新媒体戏剧搭建的平台推广少数民族文化。

（三）新媒体戏剧推广少数民族文化的优势

戏剧是一门综合性艺术，涵盖了文学、音乐、舞蹈、美术、建筑学、美学等方面，并将其按照戏剧美学的原则整合起来，将其综合性地以舞台形象呈现在观众面前，具有舞台直观性、矛盾冲突性的典型特点。传统戏剧在推广少数民族文化的过程中，拘泥于单向的传播推广模式，在推广过程中较为清楚地界定出推广者与接受者。推广者将少数民族文化作为其生产推广创作的内容；接受者被动地接受推广内容，不仅时间、地点、接受方式没有选择的空间，而且没有发表自己思想见解和感悟的地方，所有信息的获得都是被动进行的，不利于激发民众的积极性与创造性。

1. 新媒体戏剧区别于传统戏剧，它的产生基于网络传媒的技术蓬勃发展，基于广泛的青年使用群体，具有旺盛的生命力。利用新媒体戏剧传播少数民族文化的过程中，推广者和接受者是融合为一体、平等存在的，推广者既是推广者又是接受者，既能推广丰富多彩、形式多样的少数民族文化，又能借助推广交流平台表述自己的传播诉求和接受需求。

2. 少数民族文化基于新媒体戏剧的推广，丰富了文化推广内涵，给不同的文化提供了思想碰撞和交流的空间，也满足了文化的不同需求者和诉求者。新媒体戏剧给少数民族文化带来了传播方式的变革，迎合了社会发展的趋势和文化接受者喜闻乐见的现代传媒技术运用潮流，符合新时期人们新的接受使用习惯。新媒体戏剧对人们的需求给予了充分的发动与尊重，在满足人对文化的不同需求，突破了传统戏剧对少数民族文化推广的瓶颈，将少数民族文化的接受者转变为文化的主动推广者和生产者。

3. 在新媒体技术时代，利用新媒体戏剧的特性对少数民族文化进行推广的过程中，不断丰富戏剧理论创新，丰富少数民族文化的艺术实践、清醒的理性审视新媒体戏剧，对新媒体戏剧化的理论诉求进行回应，总结提升新媒体艺术产业发展具有的价值。

4. 新媒体戏剧打破了依靠传统的艺术表演形式推广少数民族文化的方式，利用新媒体戏剧这一新生艺术方式，在全社会不同区域、不同人群中推广独具民族特色的少数民族文化，铺就少数民族文化从地方走向全省、走向全国、走向世界之路。通过新媒体戏剧的快速和形式新颖的推广，让越来越多的人熟悉、喜欢少数民族文化，并以此为窗口认识和了解湖南的少数民族文化和湖南的非物质文化遗产。

（四）基于新媒体戏剧的少数民族文化推广

少数民族文化的延续、推广和发展是在原有传统文化的基础上进行的传承、变革和创新。立足新媒体戏剧对少数民族文化进行推广，我们不仅需要保留少数民族文化的本真、质朴的民族元素，而且需要借助现代化的艺术传媒手段不断扩大少数民族文化缘，寻找到以礼敬、自豪的态度对待少数民族文化，共同致力于依托优良的少数民族文化传统，善待民族优秀传统文化，通过挖掘整理和精心创作改革，使少数民族的精神得以延续，始终保持少数民族文化的纯朴鲜明个性。

1. 深入挖掘少数民族文化中的思想内涵。少数民族文化经过千年的积淀发展，已经深深地融入中华民族文化中，成为中华民族特有的民族精神和民族文化基因。在利用新媒体戏剧推广少数民族文化时，我们要认识到少数民族文化的历史意义和在现代社会主义核心价值观中的地位和作用，面对国内外复杂多变的形式，推广民族文化中爱国、敬业、诚信、友爱的美德，运用新媒体戏剧在阐述少数民族文化精髓的同时，革新创造出符合时代发展的少数民族文化。

2. 加强对少数民族文化遗产的保护和宣传。千年的少数民族发展史流传下了丰富的文化遗产，这其中有文物、典籍等物质形态的有形文化遗产，也有以传说、传统手工艺术、节庆礼仪、民间工艺等非物质形态存在的非物质文化遗产。它们记录着少数民族在长期历史进程中形成的价值取向和审美观念，是民族文化延续和传承发展的重要载体。基于新媒体戏剧形式下的保护文化遗产，要加强民间文学、建筑美学、民俗文化、民间舞蹈音乐等非物质文化遗产的抢救性保护，搭建广阔的手机戏剧、网络戏剧、机器人戏剧等平台对其进行推广宣传，使更多的人了解少数民族文化，喜爱少数民族文化，成为少数民族文化的承载者和传播者。

3. 新媒体戏剧的设计取材于少数民族文化

新媒体戏剧的设计充分挖掘少数民族文化中的元素。少数民族文化经过千年的历史沉淀，流传下来的文化都是经受过时间考验，具有独特的艺术表现形式，有自己特有的喜爱群体。文化市场的蓬勃发展带来了市场的细化，受众市场从大众向分众甚至是小众转化，细化程度不断加大。根据不同群体的不同爱好，抓住独具特色的少数民族文化元素进行新媒体戏剧设计，对表演形式、舞台美术、灯光设计、传播方式等方面别出心裁，成功抓住精细化的文化市场受众群，抢占属于自己的爱好少数民族文化的人群，占领一定比重的市场份额。

4. 新媒体戏剧的内容取材于少数民族文化

新媒体戏剧以少数民族文化的丰富内涵为创作内容，形成属于新媒体戏剧自己的少数民族文化艺术特色，为广大的群众所喜闻乐见。

我们大力弘扬少数民族文化，让更多的人对少数民族文化有审美上的需求和了解。在西方文化的侵蚀中我们拥有属于自己的少数民族特色的新媒体戏剧，让越来越多的人被少数民族文化所吸引，夺回被西方文化占领的文化市场。

我们通过不断的努力利用新媒体戏剧推进少数民族文化的推广，同时也利用少数民族文化积极推动着新媒体戏剧成为传递中国文化“正能量”的渠道，把中国特有的少数民族文化的虚拟体验与交互带到各地，让人们足不出户，就能直观、亲身感受到少数民族文化的无穷魅力。

参考文献：

① 盖晓明，谭朝炎．中国传统文化概论［M］．杭州：浙江大学出版社，2013.

② 黄传武等．新媒体概论［M］．北京：中国传媒大学出版社，2013.

③ 陈多．戏曲美学［M］．成都：四川人民出版社，2001.

④ Wallace，Patricia. 互联网心理学［M］. 谢影，苟建新译. 北京：中国轻工业出版社，2001.

⑤ 赵山林. 中国戏曲传播接受史［M］. 上海：上海世纪出版集团，2008.

⑥ 李响，任竹凌，韩沛杰. 浅谈新媒体环境下传统文化的传播与发展［J］. 城市建设理论研究，2012（8）.

⑦ 杨光宗，龙亚莉. 建构传播少数民族文化新媒体平台的思考——以武陵民族地区为例［J］. 中南民族大学学报（人文社会科学版），2012.

⑧ 毛烨. 新媒体技术在福建传统文化产业中的应用探讨［J］. 福建电脑，2012，28（11）.

以新媒体为载体传播瑶族音乐研究

湖南艺术职业学院　盘　琴

摘　要　新媒体以主体个性突出、多元化、方便快捷、互动性强等特点拥有广大的受众面。瑶族音乐以新媒体为载体进行传播，让瑶族音乐走出瑶山，展示原生态的无穷魅力。

关键词　新媒体；瑶族音乐；传播

瑶族是一个勤劳善歌的民族，“瑶俗最尚歌，男女杂踏，一唱百和”的诗句印证着瑶族无歌不欢的习俗，田间地头、瑶族人所在的每一处地方、喜庆节日等，瑶族人都喜欢用瑶歌来表达内心的情感。包含声乐和器乐在内的瑶族音乐以纯朴的情感演绎，极具地方特色而流传不息。瑶族音乐初步统计有喜、怒、哀、乐等20余种。

瑶族音乐是民族音乐的瑰宝，承载着传承和发展中华优秀传统文化的重担，在西方文化不断渗透侵入的当下，利用形式丰富、传播速度快、覆盖面广的新媒体技术的发展，推广民族文化，推广极富民族特色的瑶族音乐，丰富和满足人们的精神文化需求，抵御西方文化的渗透。

（一）走出瑶山，展示极具民族特色的原生态音乐

瑶族是一个充满智慧的民族，在漫长的人类社会发展中，为了躲避部落、诸侯割据，连绵不断的战事，瑶族选择居住在边远的高寒山区或深山密林，以刀耕火种、不固定的游耕农业经济为主。瑶族用原生态的音乐展示着自己独有的生产生活方式，演绎着自己的情感故事。

湖南江华瑶族自治县是湖南省唯一的瑶族自治县，也是全国13个瑶族自治县中瑶族人口最多的县，被誉为“神州瑶都”。江华具有鲜明民族特色和地方色彩的民族民间文化活动奏锴，有纪念盘王，用瑶族传统唱腔歌唱的盘王大歌。瑶族音乐不仅局限于瑶族自治县、瑶族聚居区，而是要以新媒体为载体，制作形式多样、画面感强的瑶族音乐作品，让瑶族音乐走出瑶山不断推广，展示瑶族音乐原生态的无穷魅力。

（二）凸显优势，以新媒体为载体搭建文化消费平台

在互联网＋的新媒体发展视域下，利用新媒体传播速度快、受众面广的特性对瑶族音乐进行推广，搭建瑶族音乐与传播者和传承者之间的桥梁，突破传统的瑶族音乐局限于瑶族聚居地推广的局限性，将其面向广阔的社会人群，让更多的人熟悉了解瑶族音乐特性，喜欢瑶族音乐，加入瑶族音乐的传承和发展中。

1. 新媒体成为一种习惯行为

新媒体是指在新的技术力量的支撑下所出现的不同的媒体形态，有数字电影、移动电视、数字广播、手机彩信、数字杂志、数字电视等。新媒体以形式丰富、渠道广泛、互动性强、精准到达、覆盖率高、推广方便、性价比高等特点占据着现代传媒产业中举足轻重的位置。新媒体被人们称之为户外、报刊、电视和广播四大传统意义媒体外的又一媒体——“第五媒体”。

新媒体改变了可以直接影响人的思想、情感、心理、人生观、价值观，影响人精神的社会文化现象的文化消费方式和渠道。在新媒体的变化发展中扩大了文化消费的内涵和广度，有了多维性，有了更多的选择性。“互联网＋”改变了我们的生活方式和习惯，与互联网技术共同变化发展中的新媒体成了互联网的核心媒体，它通过便捷快速的信息传播渠道和手段同步传播信息。智能手机的升级换代让我们越来越喜欢通过互联网新媒体获取信息，不管我们愿不愿意，新媒体已经悄无声息地融入我们的生活中，它已经成为我们的一种习惯行为，不再是作为一种单纯的文化产品的载体和消费品。

2. 新媒体文化消费的特征

新媒体与传统媒体相比，有着自己独有的特征优势吸引消费群体。一是主体个性化更加突出，“互联网＋”技术支撑下的新媒体尊重主体，注重自主选择的个性化特征，每个主体都可以在新媒体为载体的文化消费中寻找到自己中意的作品。二是方便快捷，新媒体解决了文化消费的时间、空间的限制难题，只要文化消费者有文化消费的需求，可随时随地地进行选择消费。三是多元化，新媒体实现着不同区域、不同民族、不同文化思想的碰撞和展示。四是互动性强，信息传递不局限于单向传递，而是双向或者多向传递，互动性交流也在不断加强，将受众者从被动的接受者转为可以主动参加的参与者。

（三）新媒体载体传播瑶族音乐受众面广

新媒体以独特的魅力征服了网民群体，并成为网民们查阅、获取知识、表达个人情感意志和相互进行人际交往的重要方式。中国互联网络信息中心（CNNIC）公布第39次全国互联网发展统计报告：截至2016年12月，我国网民规模达7.31亿，全年共计新增网民4299万人，互联网普及率为53.2％。我国手机网民规模达6.95亿，较2015年底增加7550万人；网民中使用手机上网人群的占比由2015年的90.1％提升至95.1％，提升5个百分点，网民手机上网比例在高基数基础上进一步攀升。随着网民数和互联网普及率的增加，新媒体拥有了众多的消费群体，以新媒体为载体推介瑶族音乐，具有数量庞大的受众群体。

（四）新媒体创新瑶族音乐传播方式

创新是民族音乐传承推广的法宝，在新媒体视域下以新媒体为载体推广瑶族音乐同样需要创新，积极开展以对瑶族音乐的二度创作、舞台和表演形式的创新为主线进行创新活动。

1. 在实践中开展以网络媒体、手机媒体、数字电视等新媒体技术为载体的推广瑶族音乐的新形式。

2. 结合新媒体技术的特点，创作以瑶族音乐为主要内容的MV、微视频、微电影等，形成数字化的音乐产品制作、传播和消费模式。让用户在使用网络媒体、手机媒体、数字电视等新媒体时接触和感受到瑶族音乐的无穷魅力，并通过新媒体继续推广传播瑶族文化，扩大瑶族音乐的受众面。

（五）瑶族音乐在新媒体载体传播中存在的问题

新媒体在民族音乐推广领域中的应用，瑶族音乐借助不同的新媒体手段进行全方位的展示，如何融合瑶族音乐特征，运用民族音乐元素创编新媒体音乐作品，扩大瑶族音乐的受众面，推动瑶族音乐的推广是每一位热爱瑶族音乐的人们所积极致力的，但由于新媒体离不开数码技术的支持，在拍摄制作、技术人员的配备方面也存在一定的问题。

1. 瑶族音乐大部分是在瑶族聚居区以传统的方式进行推广，运用新媒体等新形式的较少，且没有相匹配的技术条件支持，缺少运用新媒体推广的专业团队。

2. 瑶族音乐新创作品有限。基于传统瑶族音乐基础上的创新作品不多，充分运用瑶族音乐素材，结合时代元素创作新的音乐作品，贴近受众面的视觉、听觉需求，用他们喜闻乐见的方式推广瑶族音乐。

《光明日报》认为新媒体已成为促发全球社会变革的社会化媒体，对受众的认知结构、青少年的文化价值观及传统的艺术教育等等也产生了广泛影响，需要进一步深入进行研究。以新媒体为载体，不断推进瑶族音乐的传播形态向数字化、移动化、网络化、融合化发展，让属于中华民族的瑶族音乐走出瑶山，走向中国，走进世界。

导演创作

——把握演员表演方面的几个问题

湖南艺术职业学院　李丽娜

在导演艺术作品中，演员的表演是导演解释作品的重要环节。它是导演众多工作中，接触最多也是最直接面对的工作环节。一个好的导演不仅仅要具备过硬的专业知识，更重要的是他必须具备很强的综合素质，也就是说导演必须对具体创作涉及的方方面面都有一个自己的理解和把握。从某种意义上讲，导演对演员及表演的把握决定着他创作的成败。

（一）导演对角色以及演员的认识

1. 导演找到演员与角色之间的差距

导演对表演的把握首先应该从对角色的理解开始，这个理解就在于发现角色和演员的差别。导演在剧本的创作过程中或者在拿到剧本之后对角色的理解应该已经形成在自己的脑海里了。但剧中角色与扮演这个角色的演员之间总是有一定距离的，他们的生活经历、性格特点、思想感情、精神气质以至言谈举止、生活习惯等等都不尽相同或完全不同，这个距离有的很大（演员与角色在许多方面不接近），有的较小（演员与角色在某些方面比较接近），不论距离大小，他们总是两个不同的人，我们把这叫作“演员与角色的矛盾”。演员要克服与角色的矛盾，使自己在各方面接近于角色，运用自己“这块材料”，体现出人物的性格特征、思想感情，求得矛盾的对立统一，而统一的结果则应该是真实的和典型的。导演的工作就是要帮助演员克服与角色的这个矛盾。

由于演员可能扮演不同时代、不同阶层、不同职业、不同性格的多种类型人物，所以要求演员具有深厚的生活基础、广博的社会知识和鲜明的表现能力。但是演员作为一个单独的个体，他的人生经历是有限的。每一个人所处的社会生活环境以及所受过的教育、接触的人和事等等决定了各自的人生观，世界观，性格的形成，对生活的理解等等，而这些构成了演员与角色的差别。演员与角色的差别是导演必须清楚看到并认识到的，导演必须针对这个差别引出来的一系列问题选择正确的工作方法和解决办法。一般来说一个演员在演出一个角色之前，如果他本身与这个角色差别很大，或是角色所处的社会生活环境与演员有很大悬殊的话，如果有可能，导演们会选择让演员去体验生活。体验生活就是让演员到与剧中人物最接近的环境中去生活，去感觉人物的生存状态和情感状态，这样有助于演员最大可能地与角色融合。

2. 向生活学习，缩小演员与角色之间的差距

在著名导演张艺谋的影片《我的父亲母亲》中有一个这样的镜头让我非常难忘，演员章子怡扮演的女孩在张北的草地上，撒开双腿，像一只小鹿一样娇憨跳跃地奔跑。那完全

是一个四十年前的女孩，四十年前在山村的纯净空气和广阔原野里长大的女孩，一个初恋的北方农村女孩才有的奔跑。章子怡的这一跑极其传神，极有乡土气息，因此极具魅力，让人难以忘怀。这一跑一下缩短了演员章子怡和“我母亲”间的距离，演员和角色融为了一体。也许你会觉得奇怪，章子怡从小生活在大城市，她所接触和经历的都是城市孩子所熟知的东西，要她扮演一个从小生活在山村里，从来没出过的农村女孩，怎么可能演得那么形象，那么真实？其实这一切都是导演张艺谋的功劳。在影片开拍前一个月，导演就要求演员去到拍摄的山村体验生活。章子怡体验生活的地方是河北坝上东沟村，那时，章子怡想，《我的父亲母亲》是一部爱情戏，乡下女孩到底怎样谈恋爱以及表达她们的爱情，章子怡是半点都不懂。而且，电影中的招弟生活在20世纪50年代末期，是一个非常“土”的女孩，她的思想极其质朴。质朴这个词说一说容易，如果要让章子怡体会，却连一点感觉都找不到。这就是她所必需体验的精髓。到达东沟村之后，她就尽可能地找那些年轻姑娘们聊天，希望从她们身上找到自己所需要表现的质朴。但很快她就发现这根本不可能，如今的乡下女孩早已经不是当年那些生活圈子不超过10公里的女孩了，她们的足迹遍布许多大城市，有些甚至去过南方的广东等地，有着许多的新思想，完全与质朴沾不上边。于是，她不得不从农村大婶们身上去找感觉，跟她们交朋友，陪着她们一起干活、聊天。在农村，她捞到什么干什么，整天都似乎没有闲下来的时候，他们给农民做饭、喂猪、拔土豆，完完全全把自己当成一个地道正宗的农村女孩。正是因为有了这些生活体验，所以她在影片中的表演才会那么的成功，只要看一看《我的父亲母亲》中的招弟，你绝对不相信章子怡仅仅只有一个月的农村生活经历，她的一言一行，实在太“农村化”了。章子怡表演的成功不是偶然的，这是导演能够清楚地认识到她与角色的差别在哪里，并且通过让她下乡体验生活来缩小这个差距得来的结果，由此可见导演真的是很厉害，也很不容易，能把一个城市女孩脱胎换骨成地道的农村女孩。这里面蕴涵着导演对角色以及对演员的深刻认识和理解，也正因为有了这个理解和认识才能做出正确的决定，创作出精彩的作品。

（二）导演指导并决定演员的表演

1. 导演是影片的中心，其他一切都是导演控制下的局部

导演作为一个影片的中心，控制着整个影片的拍摄和制作。除了导演本身之外，其他的所有都只是局部，包括演员以及表演在内，都是在导演的掌握之下的。就表演工作来说，任何一位导演从影片的预想开始就要对影片表演风格进行设计，对演员表演进行设想。导演对于表演的观念正确与否与指导演员表演的水平的优劣，直接关乎演员的创作状态与结果——这个结果就是角色的生命，也是导演对于影片设想的完成。导演作为创作的中心和主导地位是毋庸置疑的，导演作为作者意图的阐释者与体现者除了需要有扎实的文学水平，认识生活与提炼生活的能力外在创作中必须有与演员合作、鉴别表演的真伪（不

同的风格样式有不同的真伪标准)、指导演员的能力。要具有判断正确、选择生动有力的表现方式来指导演员进行人物塑造的能力和本领。

2. 导演是演员的第一个观众

在故事影片中，每个导演都面临着塑造人物的任务。人物塑造直接关乎影片的主题表达，所以，在故事片中演员工作是导演的中心工作之一，导演的演员工作的主要对象是演员。不同的导演与演员有不同的合作方法，但有一点是共同的——导演指导并决定演员的表演。斯坦尼斯拉夫斯基说:“导演是演员的一面镜子”。确实如此，演员的表演首先必须通过导演，然后才能传达给广大观众，所以导演可以说是演员的第一个观众。在创作过程中，演员不仅要通过导演对自己表演的正确与否做出判断和纠正，而且导演要把自己的创作意图赋予演员，要求演员表现出来。演员在表演的过程中是看不到自己的表演的，而只能在导演的一颦一笑里，在导演紧锁的眉头或肯定的眼神里去寻找答案。诸如对人物思想性格的掌握、情感表达的分寸、动作的选择、场面调度的确定、台词的处理等等，演员既要自己有充分的准备和细致的设想，又要善于吸收导演的意见，按照导演的指示和要求完成自己的表演。当然，这种创作关系是相互作用、彼此补充的，一个懂得表演艺术的好导演，对演员的创作是极其可贵的；而一个有经验的优秀演员能促使导演的构思、处理活跃和丰富起来。

(三) 导演如何指导演员表演

1. 每个导演都有自己的一套指导方法

为了树立正确的表演观念，学会鉴别和指导演员的表演，导演必须学习表演。导演学习表演的目的并不像有些导演那样是为在影片上去过把瘾。导演用不着很身体力行地去塑造人物，去表演，指导与启发演员才是真正的目的。要指导别人就要高人一筹，高人一筹的基础在于思想深度，在于别人想不到的，导演就想得到。“所谓导演的想法就是指：导演对于生活的认识及提炼能力及表现这一认识所采取的艺术手段。”在诸多手段中，演员塑造人物——电影演员的表演同样是掌握在导演手中的手段之一。当演员需要你的帮助时，其实就是需要导演在理解、体验、体现手段上的指导，把导演的指导变为演员的创作成果的过程就是启发演员的过程。启发演员有多种多样的方法和技巧，如讲戏式（结合剧本及人物、细述规定情境等)，外部动作要求（给动作、要结果、规划节奏等)，放音乐（进入情境、调整呼吸感觉)，示范（表演示范)，刺激（诱因）……导演采取何种方法用来启发演员是因人、因戏、因时、因地而定的。没有一种方法可以通吃天下，只有恰切的判断和正确方法的使用才能取得良好的效果。不同的导演有不同的方法，只要指导演员的目的达到了，使用什么方法完全由导演自己决定。

2. 因材施教，因人而异地指导演员

每一个导演都会有一套自己的方法来指导演员表演，但是每一个演员都是一个个体，有自己的特点，所以导演在指导其表演时也不能盲目地使用一种方法来对其进行指导。应该说针对不同的演员设定不同的沟通方式来贯彻自己的艺术想法。要细致耐心以说服的、讲解的、循序善诱的方式来引导演员进入创作。很多演员在与导演合作时都是以一种谦虚学习的态度对待，遇到这样的演员应该说为导演的工作省了不少的事，但是有时候在工作中也会碰到一些不那么好相处的演员或是不那么听话的演员，在这时候导演就要发挥自己的主导地位，运用科学的合理的有技巧的方法来对待和处理。

比如说在对待特别爱在导演构思与导演处理上提出疑义的演员，导演要特别有耐心地来解释自己的想法和整体上的设计与效用，争取他的合作和配合；而对那些特别爱更改剧作台词的演员则要因势利导，可以吸纳其中好的添加部分或改动部分，但是要特别强调的是不可删除有利于人物性格和事件表现的不可改动的部分；对于那些特别爱指手画脚干预导演工作的演员，导演要向其讲清楚各自不同的职责，并且告诫他不要越职行事；此外还有一些演员喜欢一味坚持自己的表演方案，不听导演说服，遇到这样的演员不能和他们硬来，而应该采取巧妙的方式来解决，比如说导演干脆同意他的方案，但同时自己的方案也还是要保留，多一个方案也没什么不好的，反正到最后的选择权在导演的手中，但是这样的事情应该属于特殊事件范围，不能多次发生。

3. 在排练过程中的具体指导方法

我们通常所说的表演一般是指舞台上的戏剧表演和摄影机前的影视表演。戏剧表演与影视表演的艺术特性不同，也形成表演上的具体区别。第一，戏剧表演是在舞台上面对观众的不断创造；而影视表演是在摄影（像）机的镜头前一次完成。第二，从创作过程来看，戏剧演员的表演是整体的、顺序的、一气呵成的；影视演员的表演则是零散的、非顺序的、随时变换幅度的。第三，戏剧是面对观众的现场表演，需要演员在语言和动作表演上有一定程度的夸张——即假定性；而影视表演则要求演员表演不露痕迹，尽量生活化，也就是逼真性。第四，戏剧创作的中心是演员，演员可以在表演中发挥最大的能动性去塑造舞台形象；影视创作的中心是导演，演员的表演要根据导演的意图，结合自身的条件去塑造银幕形象。戏剧表演艺术生存于一个假定的舞台空间。在剧场里的表演与假定环境的关系，以及舞台技术性的要求，使戏剧表演可以接纳相对稳定的表演中的假定性因素。从观赏角度讲，接受者（观众）走进剧场，就在意识中引入了一种假定性。在这样一个特定的空间里，观众在接受过程中自然而然地对一切假定的内容产生联想式的真实感，从而达到情感上的共鸣。而电影表演艺术的环境是真实的，表演者在表演时为了协调这种与物质环境的关系，不可能不去考虑这个真实感的前提。真实的环境，生活化的氛围，必然要产生生活化的真实表演，否则即是一种不协调。表演艺术所生存的空间并非是决定表演真实与虚假的唯一元素，但的确是非常重要的因素。就像戏曲艺术的舞台演出形式，用胶片记录下来会成为舞台艺术片，而如果不改变舞台表演形态就在实景中进行电影式的拍摄，就会产生非驴非马之感；反过来讲，也很难想象在真实空间中虚假的表演所带来的不协调与不准确。戏剧表演要求演员一旦登上舞台，不管有多少台词、有多少动作，都要把一场戏演完，这就要求演员具有较强的持久的自我控制能力。而电影表演的短暂性、非连续性则要求演员必须立即进入，包括情感的调动和投入，对人物状态的捕捉，都必须快而准确。这同样是对演员自我控制能力的严格考验。

任何一个优秀的演员，在拿到一个新的剧本时，都会把所要饰演的角色在原剧本的基础上加入自己理解和创作。有的文化底蕴比较深厚或是表演经验丰富的演员往往能够很好地把握剧本中的角色，甚至超乎导演的想象，把人物刻画得更加丰满。但是也有一些比较年轻的或是经验不够丰富的演员在人物的基调把握上可能会有一些出入，或是与导演脑中的人物形象有些差别，在这时候导演就要对演员进行一系列的排练来指导演员表演，帮助演员更好地把握和创作角色。

排练中可能会出现这样那样一系列的问题，导演应该在大的主题不变的前提下对这些问题做出正确的判断和处理。比如说，某一个演员在表演过程中，对其中一句台词总是把握不好，试了很多种指导方法也没有用，还是不能达到导演想要的效果，这时候导演就可以适当地对台词进行修改，直到演员能够完全没有问题地达到导演想要的效果。再比如，在排练过程中，每一个演员都是对号入座地扮演着自己的角色，可是有时候这个演员或许更加适合那一个角色，演员本身也对那一个角色更加有体会，这时候导演也可以做一些适当的调整，使演员与演员之间的配合更加紧密和有机。

在排练过程中，导演指导演员表演有很多方法：

（1）启发式的指导

启发式指导演员的方法是一般传统意义上的惯用做法。这是在演员表演不到位的时候根据演员所缺乏的外部行动表现结果找到充实的内心依据，并帮助演员设计好动作的表现形式。

一般的做法包括了：讲解剧本、讲解人物行为的规定情境，解读人物此时此刻的心理活动或情感情绪以及利用“情绪记忆”的方法让演员找到准确的人物感受等。导演启发演员就像两个知心的朋友谈心——是导演对演员的谈心，更是导演与演员心目中的人物的交谈。这是一项双向互动的工作，所以在工作的时候导演必须明了：必须制造一定的人物所需的氛围。要认真，不能嬉戏打闹；要在一定的情境下引导演员跟随导演的思路。最主要的启发来自于对于剧作和人物所处的规定情境详细具体的讲解。要学会调动演员的情绪记忆和指导演员使用内心独白、内心视像来丰富演员自身的创作想象。

导演在启发演员的工作上首先是要求创造环境能使演员的注意力集中——将演员分散的或已经转移的注意力集中到人物所需要的情境和情绪上，集中到人物所进行的动作上。而大量的演员表演不到位的主要原因就是人物的注意力不集中和不适当的检验及杂念的干扰所造成的。谢晋老师说过：“迅速的注意力集中对于一个演员来说是最重要的”。所以帮助演员集中人物的注意力是启发演员的一项重要工作。

启发式的调动演员内心情绪记忆和演员心理机制的方法虽然还在导演创作工作中大面积的使用，但也应当看到他是属于相对陈旧和僵死的方法。这就要求我们导演们在启发演员的同时不要过于生硬，应当看到演员的聪颖和机智，要相信演员的创作天性与适应能力。有时候一个明确的眼神、表情，一句低婉的提醒，一个画龙点睛的词语都会起到事半功倍的效果，成为最好的启发。它强过于一成不变的剧本讲解和人物阐述。与其不停地絮絮叨叨地启发不如让演员沉下心来，静静地给演员一点时间——让他消化理解，让他调整自己的心理感受与动作的心理模拟；只有演员真正理解了导演意图和要求的时候，演员才能够做出符合导演要求的人物反应。不要简单地理解“启发”二字在导演的演员工作中的使用，“导演是演员的一面镜子”，演员无时无刻地在导演这面镜子中寻找着自己表演的答案，而镜子的反应本身就是对于演员表演直接的启发。

在我的印象中，启发演员不仅需要导演对角色有很深的理解，而且导演还必须具备比较灵活的应变能力。我在拍摄毕业短片的时候就过了一把启发演员表演的瘾。我的毕业短片是一个戏曲题材的电影小故事，片中的主人公是一位老生演员，其中有一场戏让我印象非常深刻。短片中的主人公毕业后分到了剧团工作，团长对他寄予了很高的期望，可是在他的第一次登台演戏时却意外地出现了不应该出的差错，团长对他很失望，他一个人回到后台，心中充满了无限的悔恨和难过，一个人呆呆地坐在那，望着镜中的自己默默地流下了眼泪。演员在演这场戏时怎么也达不到情绪，拍了很多条也不满意。身为导演的我也用了很多的办法来启发指导他，可是都没有成功，整个剧组因为这个镜头都陷入了沉思中，大家都在努力地想办法让演员进入情绪，最后我想到了曾经在书上看到过一种叫作情绪记忆的方法，于是我就尝试着和演员沟通，希望他能把发生在他生活中的一些令他悔恨和难过的事情尽可能地回忆在脑海中，然后进入一种这样的情绪里面，演员听了之后，静静的想了想，很快，我就在他的脸上找到了我想要的感情，我立刻让摄像师记录下了这珍贵的画面。这次的经验对我来说是很宝贵的，一个好的导演应该是善于变通的，而且在拍摄的过程中导演的大脑应该像一个大的电脑一样，所有的信息都储存在里面，只要需要就会马上浮现出来。

（2）给动作式指导

给动作也就是给结果。这是最简便和最有效的指导方法——因为电影的完成首先是形式的完成，而从演员的表演来讲，表演的完成归根结底还是动作形式的完成。导演提出对于动作的明确要求和所要拍摄的表演效果，留给演员更大的空间，让演员去填满动作的心理与达到这一动作结果的行动过程。导演要一步到位地明确告之演员这里要如何做，外部动作是什么，只有这样演员才会修正心理和外部动作的差池和不足。聪明的演员也许会直接向导演要动作，因为启发来启发去最后的结果还是归结于动作的结果。

可能有的人会觉得直接给动作会伤害到演员的创作主动和表演信念，其实不会。因为演来演去最终还是要达到导演的表演设想，与其绕来绕去还不如直接说明我要的是什么。

“在这里要在导演和演员之间建立起一种排除个人与个人之间的高低贵贱比较较量的心理，要逐步习惯和相互适应坦诚地艺术创作上相见的交流习惯。”这样，单眼的直接给动作或演员的提议、讨论都会是在艺术层面的明处的交流。

（3）刺激式

用直接的形体外力和心理刺激的方式来使演员达到人物所需要的情感与情绪的状态，使演员对刺激做出符合人物的反应，以完成演员在使用内外部技巧的情况下还是没有完成的动作或反应。

在许多情况下引导演员进入状态和给予演员一定的生理和情感的诱发和刺激是导演创作方法的不可缺少的一部分。刺激式并不是像我们一般笑谈的：要让一个演员哭就一定要暴打演员一顿。正确的刺激式的指导方法应该是很科学的，例如，要让一个演员找到着急的感觉就让他先到外面跑上一圈，当他气喘吁吁脸涨得通红时，紧张心跳的状态再加上角色的处理，表演就完成了。又例如，在很多的情况下，在需要深厚情绪的戏剧表现段落中，演员要进入情绪，很多时候都会选择放一段音乐来辅助完成表演，这种方法能够使演员很快地进入情绪进行表演，很多导演甚至是世界级的大师都爱用音乐来诱发演员的情绪使其进入角色的表演状态。

刺激式的指导方法来自于演员对于刺激的直接的形体、心理与情感的反应。在这里起决定作用的是导演对刺激方式的选择和演员对刺激的接受和适应，并能将适应转化为人物所需要的形体和情绪准备及表现结果。

有着黑色阴郁气质的波兰籍导演罗曼·波兰斯基，在拍摄电影《冷血惊魂》时，就把演员德奈芙折磨得够呛。德奈芙在表演时有些放不开，并且努力地想控制住自己的表演，可是这样根本达不到导演想要的疯狂效果，于是罗曼·波兰斯基就当着剧组所有成员的面不断辱骂刺激她，最后演员德奈芙被逼得没有办法，才真正歇斯底里地爆发出来，忘我地进行表演。通过这种比较偏激的刺激方式，导演的目的达到了。虽然方式比较极端，但是带给观众的却是一场视觉、听觉和感觉的盛宴。在《冷血惊魂》里，一切暴力都是真实的。我们看到的就是真实场景，而不是演戏，这是导演和演员共同努力的成果。

（4）示范式指导

示范式对于有表演经验和技巧的导演来说也不失为一种既简单又直接的启发演员的方法。示范式就是导演将表演的时机和样式结果，包括表演时的心理过程边表演边讲解示范表演给演员，以使演员有一个对表演结果明确的标准认识。

示范表演的指导方法是一种类似于让演员来模拟你的表演结果的做法。这对于确有表演经验或从演员及相关表演专业转行做导演的导演来说还有可行的道理，对于根本没有表演经验的导演来说，千万不要任意地使用示范方法来露拙。并且即便是有经验的示范表演过后，也不要用严格规定死的方法和认识来限定演员表演的发挥，因为演员自己有自己的方法和认识，毕竟术业有专攻，不能用导演的想法——特别是导演的表现方式来替代演员的创作。

从对于演员这一专业和尊重演员创作的认识基础出发，导演不要轻易地使用示范的方法，更不要示范过多。示范过多的结果会使演员产生逆反，会有剥夺演员创作职能和权利之嫌。再者也许会让演员产生一种依赖心理，完全丧失了自己创作角色的能力。

我在拍摄学生作业的时候就遇到过这样的情况。刚开始拍摄时，演员总是进入不了情绪，有时候一个镜头要拍十几条才能算是比较合格，为了节约时间，同时也让演员更快更好地将表演发挥出来，我在拍摄中先将要演的东西表演一遍，然后演员再模仿我的表演，这样固然能够让演员比较准确地找到表演的方法，可是却使演员丧失了自主的表演能力，而且在后面的表演中也习惯了导演先表演一遍，然后再表演。这让我比较苦恼，因为自己没有开好这个头，导致了很多的麻烦。所以在示范指导演员表演时一定不能过量，要适可而止，毕竟导演和演员的分工不同，表演的自主权还是需要演员自己把握的。

（5）在摄影机前的指导

前面说过，影视表演相对于舞台表演来说表演幅度可能要更小，但其紧张程度是一样的，或许更为紧张。在舞台上你有整出戏的戏剧动力自始至终地帮助你。而在电影里，你是在拍摄孤立的瞬间，或许顺序是乱的，因此在拍每一个镜头时，你都会紧张起来，高度集中注意力。导演在指导影视演员进行表演时除了上面所说的几种方法外，还必须让演员清楚地明白表演的生活化和真实性。在摄影机前的表演有很多时候都是一种无对象的表演，镜头前只有单一的一个演员在表演，而演员的情绪不可能每一次都是那么投入到位的，所以导演应该善于用摄影机抓住演员表演的瞬间，并且用合适的方法来指导演员的表演。比如说视线的问题，演员对着镜头进行无对象的表演，如果演员总是无法把镜头当成要交流的对象时，导演应该做什么呢？在不同导演的手里，演员所能发挥的作用和创作的能动性也是大大不同的。有两类导演，一类是以摄影机为主体的，一类是以演员为主体的。有的导演只把演员作为实现自己构思意图的工具，是手中随意摆弄的活道具。他只告诉演员你现在应该怎样去做，却不让你知道为什么去做。演员只能按照导演的严格规定去行动。例如：希区柯克，他看待演员是傀儡，用绳子把他们牵来牵去。另一类导演则采取相反的态度。如让·雷采诺阿，他说："我喜欢从演员着手工作。我认为导演仅仅是接生婆而已。演员有他自己的品性和素质，但他们往往并不意识到自己的头脑中和心灵深处的东西。因此，作为导演，你就必须启发他们，告诉他们，使他们了解自己，我让演员一遍又一遍地排练，当你对表演效果满意时，才让摄影师发挥作用。所以导演应该注重充分发挥演员创作才能、给演员以主动创作机会。"可以这么说：演员需要在导演的引导、影响和强制下，才能表现得非常自然，而导演也只有依靠演员，才能使银幕充满活力。

以上几点都是导演在指导演员表演时经常会使用到的一些方法。对于导演和演员来说，二者既是矛盾又是不可拆解地联系在一起的。聪明的导演会从演员的创作与想法中吸纳养分来充实自己，而演员也会在与导演的合作中学到很多超出表演之外的东西。电影将演员和表演交给了每一位导演，没有表演认知和不能恰切地善待演员的导演实质上不是一个好导演。只有在电影表现中学会正确地使用表演这一手段，建立导演与演员良好的合作关系才是成功的基础。

导演和演员是因为一部戏或是一部影片而组合在一起的。就电影来说，一部影片除了表演之外还综合了文学、音乐、美术、摄影等艺术的表现手段，凝结着编剧、导演、演员、摄影、照明、美工、制景、录音、作曲、化妆、服装、道具等各个部门创作人员和工人的创作智慧与劳动。每个部门尽管有自己特定的工作任务和表现手段，但它们的最终创作任务是一致的，都是为了体现作品的主题思想，完成剧中人物形象塑造。导演是这个电影的中心，所有的这一切都是在他的控制下并且亲自指挥完成的，我们不得不佩服已经有所成就或是正在慢慢成就的导演们在这条艺术道路上所付出的心血和努力。正是因为有了这些深爱着导演艺术并且为着他所深爱的导演事业而坚持不懈的导演们，我们的生活才会变得这样的多姿多彩，才会充满无限的乐趣。

多媒体技术在舞台设计中的应用分析

湖南艺术职业学院　刘　川

摘　要　多媒体技术作为舞台设计的重要技术内容，对舞台整体效果的营造具有非常重要的作用和意义。本文在研究中主要以多媒体技术为核心，探究多媒体技术在舞台设计中的应用，进而保证舞台设计的整体效果。

关键词　多媒体技术；舞台设计；应用；分析

随着社会经济和科学技术的进一步发展，促进了舞台表演领域优化与完善，并由于市场竞争愈发激烈，对舞台设计提出了新的要求。多媒体技术的应用将舞台设计带到了新的高度，并有效地体现出舞台视觉效果，发挥出舞台设计自身的艺术性与艺术价值，打破传统舞台设计中的局限性，进而为观赏者带来较为深刻的审美感受。对此，在这样的环境背景下，探究多媒体技术在舞台设计中的应用具有非常重要的现实意义。

（一）多媒体技术对舞台设计的实际作用

1. 表现性

在舞台设计的过程中，多媒体技术的应用可以直观地表现出艺术创作过程，突破传统舞台表演中的局限性与表现力缺失问题，实现舞台艺术成品的展现。同时，借助多媒体技术，赋予了表演作品的生动性，呈现出动态化表演效果，将传统静态展示转化为动态展示，强化舞台场景的真实性，进而达到舞台节目与演出氛围的渲染。

2. 叙述性

一般而言，在影视作品中要利用多媒体技术中的非线性叙述性，实现空间和时间上的转换与跨度。随着舞台表演领域的进一步发展，应用多媒体技术可以在实际演出过程中，通过对时间、空间的变换强化表演的直观性，呈现出倒叙场景与插叙场景，进而使得舞台表演达到影视作品中的表演效果。同时，多媒体技术可以提高编剧与导演对时间创造的把握程度，进而提高舞台背景转换的灵活性和流畅性。

3. 经济性

在传统舞台设计中，为了实现舞台场景的变换，一般要通过实物布景方式进行场景变换，这种方式由于人工换景成本较高，使得舞台演出过于呆板和单调，无法满足现代化舞台设计和舞台演出的实际需求。而多媒体技术的应用很好地解决了这一问题，利用多媒体通讯技术实现场景转换，提高舞台背景转换的灵活性和流畅性，以达到一气呵成的效果。

（二）多媒体技术在舞台设计中的应用

1. 引入大屏幕，提高设计效果

在进行舞台设计的过程中，为了达到预期设计效果，设计人员可以引入大屏幕，其低电压功耗小、使用寿命长等使用优势，在保证舞台设计效果的同时，还可以有效降低舞台设计成本，具有极高的经济性特点。特别是在一些大型文艺活动中，高亮度、全色化大屏幕可以营造出活跃、动态的舞台氛围，为观众带来极高的视听感受与艺术效果。同时，大屏幕的应用不仅可以实现舞台背景的灵活转换，还可以赋予观众身临其境的体验，进而实现舞台设计的最终目的。

2. 引入虚拟技术，实现舞台互动

在进行舞台设计的过程中，为了增加整体的舞台效果，设计人员可以引入虚拟技术，借助虚拟场景实现演员与观众的实时互动，为舞台交互性创造有利的条件。在实际表演中，声音作为一种重要的表演形式，可以强化观众的视听感受。对此，设计人员在虚拟场景布置中，要适当加入声音元素，强化舞台场景的立体感，营造出 3D 电影的立体效果，进而达到舞台设计的预期效果。

3. 创新信息技术，强化舞台效果

为了促进舞台表演行业的发展，要在多媒体技术的基础上，对舞台设计技术进行进一步创新与优化，强化多媒体技术在舞台设计领域的重要性。从本质而言，技术创新作为未来多媒体舞台的发展趋势，可以为观众呈现出更为生动的视听效果，并借助多媒体技术的优化与创新，推动舞台设计的进一步发展，为舞台设计的深入改革注入新的力量和动力。特别是现代化 3D 技术与 4D 技术，其立体效果和设计思维的延伸，逐渐成为未来多媒体舞台设计的主要发展潮流。除此之外，设计人员还要对多媒体技术表现形式进行创新，改变传统创作手法与创作思路，借助现代化信息技术将新的思路更好地展现出来，使得舞台设计从有限的物理空间扩展到时空变幻的无限空间，进而将舞台设计推入新的发展高峰。

4. 强化预示性，保证设计质量

在进行舞台设计的过程中，多媒体技术为舞台设计创造出更多的可能性，并推动舞台设计和舞台表演行业的进一步发展。由于多媒体技术具备一定的预示性，在舞台表演过程中可以创造一系列虚拟场景，实现模拟表演效果。对此，设计人员可以从多媒体技术的预示性入手，在舞台表演正式开始之前，利用舞台场景、声效以及灯光等元素应用和协调，借助模拟表演对表演时间和内容进行把握，降低演出过程中对人力、财力与物力的浪费。这种可以帮助编剧和导演在彩排阶段了解整体舞台呈现效果，并根据实际需要对舞台设计内容和设计结构进行调整，合理规划演员位置，进而不断强化舞台表演的最终效果，实现舞台设计的作用和价值。

结束语：

本文通过对多媒体技术在舞台设计中的应用分析，从表现性、叙述性、经济性等方面入手，分析多媒体技术对舞台设计的实际作用，并提出引入大屏幕，提高设计效果、引入虚拟技术，实现舞台互动、创新信息技术，强化舞台效果、强化预示性，保证设计质量等有效措施，不断完善和优化舞台设计结构，进而保证舞台表演的最终效果。

参考文献：

① 沈忱．浅析多媒体互动技术在舞台设计中的应用［J］．艺术科技，2016（09）：66—68.

② 赵婧．论多媒体技术在演播厅和戏剧舞台设计中的应用［D］．北京舞蹈学院，2015.

③ 张雅．数字技术在舞台设计上的应用研究［D］．天津音乐学院，2014.

专业艺术院校戏剧影视表演专业舞台实践在人才培养中的地位和作用*

——以湖南艺术职业学院戏剧影视表演专业为例

作者：张睿　湖南艺术职业学院　长沙　410205

摘　要　湖南艺术职业学院作为湖南省唯一一所公办艺术类高等院校，开办戏剧影视表演专业已有二十年之久，为业内培育了大批优秀的影视表演人才，积极探索并建立了“围绕舞台，造就人才；依托文化，面向市场”的人才培养模式，培植出实践教学的特色和亮点。本文就湖南艺术职业学院戏剧影视表演专业办学特色谈谈舞台实践在人才培养中的地位和作用。

关键词　专业艺术院校；戏剧影视表演专业；舞台实践；人才培养

进入21世纪以来，随着经济的持续快速增长，文化艺术事业也得到长足发展，艺术教育事业出现了前所未有的繁荣，单从戏剧影视表演专业来看，全国近百所高校开设了相关专业，戏剧影视表演教育已经进入大众化发展阶段。目前，中国高等艺术教育中的戏剧影视表演人才培养，大致上有两种渠道，一是专业艺术院校开设的表演系，如中央戏剧学院、北京电影学院、上海戏剧学院等；一是综合类大学下设的艺术学院开设的表演专业，如湖南大学、重庆大学、深圳大学等。专业艺术院校与综合类大学戏剧影视表演艺术人才培养定位各有侧重，前者较注重培养表演艺术精英人才，后者较侧重于培养应用型或者复合型表演艺术人才。虽然培养侧重略有不同，但是他们都在结合自身的历史文化、学术传统和院校实际的基础上，积极探索艺术学科建设和艺术人才培养改革创新之路，以适应新时代市场的需求。

湖南艺术职业学院作为湖南省唯一一所公办艺术类高等院校，开办戏剧影视表演专业已有二十年之久，建立了以“项目驱动教学”“尖子生培养工作坊”等多样化教育教学模式，为业内培育了大批优秀的影视表演人才。本文就湖南艺术职业学院戏剧影视表演专业办学特色谈谈舞台实践在人才培养中的地位和作用。

（一）舞台实践是检验专业教学水平的重要标准

专业艺术院校戏剧影视表演专业注重理论与实践相结合，统筹校内实践教学，兼顾校外实践基地教学。戏剧影视表演专业的课堂教学主要以学习理论知识和专业技能为主，而提升戏剧影视表演专业学生的专业表演水平，不是课堂上简单的教、学、做就能做到的，往往需要长期的舞台实践才能完成。舞台实践主要包括校内与校外两大板块，校内舞台实

* 作者简介：张睿（1985.04—），男，汉，湖南常德，讲师，硕士，主要从事影视艺术创作研究。

践为教学汇报、实习大戏、毕业大戏展演等，校外舞台实践为舞台演出（话剧、小品、音乐剧等），电影、电视演出等。

舞台实践教学的目的在于有组织、有目的、有计划地通过舞台艺术表演，以话剧、小品等艺术形式来展示它们的专业训练、艺术表现以及其综合艺术素质等方面的水平与能力。湖南艺术职业学院戏剧影视表演专业十分注重舞台实践，教学汇报、音乐剧、诗歌朗诵会、综合文艺汇演、实习大戏、毕业大戏等一系列的舞台实践活动，早已成为人才培养方案中重要项目。此外，学院还经常推荐优秀学生参与校外各种舞台实践机会，如舞台演出、影视剧的拍摄、电视主持等，由此也涌现出了大量的璀璨之星，如影、视、歌、节目主持四栖明星瞿颖，中国电影华表奖电影新人奖获得者颜丹晨，湖南卫视知名主持人赵靓，中国新丝路模特大赛总冠军肖青、湖南经视制作的家喻户晓室内剧《一家老小向前冲》严家二媳妇荣心巧扮演者杨珊珊等。检验戏剧影视表演专业课程教学的重要形式便是舞台艺术实践，通过其舞台艺术实践可以总结表演专业各门课程教学活动中所存在的问题，根据问题可对专业教学内容一一进行相应调整与改善。艺术实践推动专业教学，舞台表演检验教学水平。重视舞台实践，对于戏剧影视表演专业人才培养具有深刻而现实的意义。

（二）舞台实践是课堂教学的延伸和补充

舞台实践教学可以夯实课堂所学知识，是课堂教学的延伸和补充。当教师实施舞台实践教学活动时，学生会主动并且充分地调动自己的知识储备，想办法如何圆满地去完成排演作品。在这项活动中，学生不仅加深对单项课程知识的理解，而且还有助于他们融会贯通各门课程之间的联系，对学生综合运用能力、自主创作能力的培养有着积极作用。以作为戏剧影视表演专业舞台实践教学重要组成部分的剧目排练为例，本阶段的教学任务是学会创造完整的角色形象，对学生的技能要求较为全面。不仅涵盖了“表演”核心课程的教学内容，同时内外部技巧的表现也涉及“台词”“形体”“声乐”等专业基础内容的训练。学生既要从表演技巧入手，通过分析剧本和角色、构思角色、体现角色等一系列的表演创作流程来完成教学任务中创造角色的实践训练，还能从内心自省、外部评价等途径了解反思自身在“台词、形体、声乐”等学习中问题所在，在老师的指导下有针对性地进行学习内容的强化和补充，使实践成为教学的镜子。

湖南艺术职业学院戏剧影视表演专业一直秉承着“项目驱动教学”的教育理念，让学生围绕任务展开学习，鼓励学生多实践、多创作，多体验。2012 年编排的话剧《永不凋谢的姊妹花》，就是在教师的安排和指导下，学生自我完成的舞台实践项目。后来经过多次打磨和改进，从课堂走向了舞台，并在第三届中国校园戏剧节中夺得最高奖“优秀剧目奖”，与国内顶尖艺术院校中戏、北影、上戏等站在了同一个领奖台上，获得业内众多专家、学者的赞赏与肯定。

（三）舞台实践是激发学生创造潜能的助推力

戏剧影视表演专业学生如何能够迅速得到锻炼与成长，其关键在于学生在创作过程中要懂得学习、懂得思考，懂得创造，而舞台实践活动就是激发学生潜能的助推力。美国心理学家杜威提出“以学生为中心”的观念，反对采用填鸭式、灌输式的教学方法，主张解放思维与天性，以学生为中心组织教学，提倡在“做中学”。舞台实践活动要求以戏剧影视表演专业学生为主体，在老师的引导下，充分挖掘他们的智慧与能力，使学生的主观能动性和潜能得到最大呈现。他们以编、导、演多重身份进行艺术创作和体验，从选择题材、查找资料开始，直到完成作品，虽然整个过程问题不断，但是他们在艺术创作中学会了反思，创造和总结，大大提升了学生的专业技能。舞台实践使他们取得经验，学会协作、学会管理、学会人与人之间的交流与沟通。

湖南艺术职业学院戏剧影视表演专业积极探索着“尖子生培养工作坊”的教学理念，立志出精品、出人才。一批志同道合的、优秀的戏剧影视表演学生集聚一起，在老师的指导下，利用课余时间创办了工作坊，从最开始的两三人，到现在拥有二十多人的大集体，短短几年间，他们共同创作的《风雪夜归人》《一门英烈》《特殊故事》等一大批话剧走向了舞台，风格样式创新、大胆，在长沙市及周边城市都引起了不错的反响，同时也受到了各大媒体、行业专家的关注与肯定。

（四）舞台实践是实现教育与市场无缝对接的重要纽带

戏剧影视表演专业的人才培养方案在设计上要有前瞻性，要注重瞄准市场，要从未来社会发展需要出发。学校与用人单位是否真正能够做到“无缝对接”，学生是否能够顺利实现就业，舞台实践便是其重要的纽带。目前，表演类学生的舞台实践大多是以话剧、影视作品等形式来进行，如果只是一味地重视排演剧目这种艺术实践形式，难免太过单一，那么这早已不适应于社会的发展。目前，社会对于艺术人才的需求已呈现出多样化特点，学生制定的就业目标必须多元化，除了演艺人员外，还有如艺人统筹、策划、编剧、编导、经纪人、演出管理、教师等。

湖南艺术职业学院打破了原有的话剧、影视作品等这单一的舞台实践，大胆地开展了多形式的舞台实践教学活动，如诗歌朗诵会、校园主持人大赛、模特大赛、综合文艺汇演、微电影创作展演等，并且利用专业艺术院校艺术学科的“专业化”“精细化”优势，为表演专业的学生开设了编剧、导演、主持、采编等其他艺术类课程，拓宽了学生的专业技能的同时，也坚持立足好表演这一灵魂，做到了“博与专，学与用”，适应文化市场的用人需求。此外，湖南艺术职业学院每届表演专业的毕业大戏展示舞台都从小课堂搬到了大剧院，每年都将上演一场盛大的话剧表演，邀请各类媒体、用人单位、群众等，接受来自社会各方的评价，这既是对教学水平的检验，又给学生提供了一个就业展示的最佳平台。

高等艺术院校还要积极探索与企业、校际交流或合作办学模式，与各类媒体建立长期稳定的战略合作关系，紧贴市场，为学生提供实践机会，搭建就业平台。湖南艺术职业学院戏剧影视表演专业实行校媒合作办学（如潇湘电影集团），集团每年都会给学生提供大量的实习与就业机会，如影视剧演员、主持人、导演等。另外，湖南大学积极探索创新校际交流或合作办学新模式，打破现有教育管理机制的壁垒，尝试与一流艺术院校或综合性院校艺术类专业开展联合办学与交流合作，培养拔尖艺术人才。去年底，学院派教师代表远赴北京、上海、香港等地进行了实地考察，目的就在于交换办学经验、洽谈交流合作。我院成绩优秀学生可以到合作高校或者知名工作室学习深造或实习，给艺院学子创造了更好的学习交流与实践实习的平台。

（五）结　语

戏剧影视表演是一门实践性极强的艺术，舞台实践教学在其整个人才培养方案中占有着举足轻重的作用。通过舞台实践教学，不仅可以检验教学水平，激发学生创造潜能，加强人际沟通交流，更重要的是架起了学校与用人单位之间“无缝对接”的桥梁，这样高校人才的培养才是科学有效的。

近年来，艺术专业的扩招、艺术人才的就业难、艺术市场的扩张等现象，都在推动高校影视艺术人才培养的改革与创新。专业艺术院校如何利用自己的资源优势，依托自身专业化、精细化的艺术科学背景，形成自我办学特色；如何重视舞台实践，培养戏剧影视表演人才，以适应社会新时代的需求等，这都将成为我们教育者必须面对的一项亟待解决、探索研究的长期性课题。

对接产业发展，转变专业建设思路

湖南艺术职业学院　周新娟

湖南省教育厅科学研究项目《文化产业框架中的表演
艺术专业群构建研究》阶段性研究成果，项目编号 15c1003

摘　要　现代职业教育积极倡导对接产业，衔接产业链进行专业集群发展，培养学生良好的职业素养和职业技能。湖南文化强省战略下的艺术职业教育也正在探索一条集群特色发展之路。

关键词　专业群；特色课程；湖湘文化

湖南艺术职业学院自 1951 年建校以来，坚持“围绕舞台，造就人才；依托文化，面向市场”的办学理念，秉承“追求卓越，不厌平凡”的校训，致力于弘扬传承高雅艺术，培育优秀文艺人才。在全国全省文化艺术、文化创意和设计等领域活跃着一大批艺院培养的艺术人才，特别是在全省各类艺术表演团体、县乡文化艺术专干与管理队伍中，从艺院毕业的艺术人才占据着半壁江山，培养的学生也多次摘取了“梅花奖”“文华奖”“桃李杯”“田汉大奖”“芙蓉奖”“小梅花”等全国各艺术类奖项，这是湖南艺术职业学院创造的一种“艺术现象”。

（一）对接文化产业发展，转变专业建设思路

近年来随着学院专业群建设的发展，学院一直在思考这样几个问题：一是面对湖南文化产业高速发展的时代大背景下，学院的专业群如何找到建设的方向和突破口，将其转化为专业群生存和发展的有力支撑。二是在专业群的改革探索道路上，如何将过往的单一专业建设转变为专业群建设，如何对教学进行调整，使之较好的适应这种从单一专业到专业群模式的改变。

从 2013 年开始，学院的专业建设思路逐步向“精准对接产业群，深度衔接产业”转变，淘汰劣势专业，实现专业教学资源的优化整合。对学院的戏剧系、音乐系、舞蹈系、影视系、美术系和社文系 6 个专业系部的 26 个专业进行专业建设调整，形成表演艺术专业群、艺术设计专业群、广播影视专业群、旅游管理专业群、文化管理专业群 5 大专业群模式。立足于学院的重点专业戏曲表演专业为核心，以“专业基础相通、技术领域相近、职业岗位相关、教学资源共享”原则构建集“编、导、演”于一体的表演艺术特色专业群。将音乐表演、舞蹈表演、影视表演、音乐剧表演、编导等专业作为群内专业。重点投入、打造这个湖南省目前唯一培养高等戏曲表演艺术人才，也是湖南艺术职业学院最具特色的一个品牌专业群。辐射并带动艺术设计、广播影视、文化管理等非表演专业群发展的

集群发展模式。

（二）专业课程体系交相辉映，春色满园

表演艺术专业群坚持“以职业岗位为依据、以教学师资为基础，以教学基地为依托”的专业群建设理念。对接表演艺术职业岗位要求，加强群内课程资源整合。将艺术概论、作品赏析、表演、剧目排练、化妆、乐理视唱、形体 7 门课程作为群共享专业课程，其中群共享专业基础课 2 门，群共享专业技能课 5 门，并以此为基础形成“特色教育模块＋共享教育模块＋通识教育模块”的专业群课程体系，具体课程建设见下图：

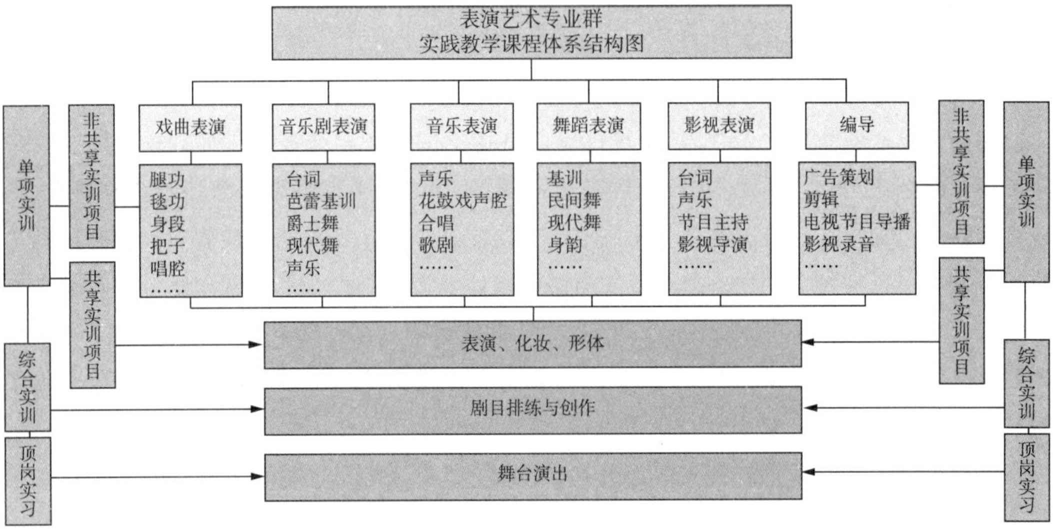

完善的课程体系人才培养效果显著：如凌珂、项星分别获中国京剧青年演员大奖赛老生组、花旦组金奖；张旋荣获中国青年演员大奖赛银屏奖；曹志威获得全国昆曲十佳新秀称号；文军等 30 位同学获“中国戏曲小梅花”金、银奖。创作的《抢花鞋》获第十届桃李杯群舞奖，创作的《芦苇人》斩获“金鸡百花”微电影奖，微电影《瑶寨村官》《莲心》《等风来》在“我的中国梦·最美中国”全国大学生摄影及微电影大赛中荣获“最美奖（最佳影片奖）”等国家级大奖。

（三）湖湘文化特色凸显，民族韵味十足

表演艺术专业群坚持以深厚的湖湘文化底蕴为基础，加强对民族民间艺术的挖掘、整理、开发，将优秀的艺术元素融入专业之中，凸显专业特色。表演艺术专业群中的戏剧影视表演专业、影视编导专业所在的影视系紧紧抓住表演艺术群的重点建设优势，积极带动专业系其他专业建设发展，将戏剧影视表演、影视编导、摄影摄像技术、影视多媒体技术等专业抱团发展，挖掘湖湘文化特色资源进行艺术作品创作，成功推出了具有湖湘文化特色的系列作品。在众多的作品中一部以全国瑶族人口最多、面积最大的瑶族自治县——江华县涔天河水库移民搬迁为故事题材创作的《天堂瑶寨》别具一格，故事发生地就选取在江华贝江天堂瑶寨。

《天堂瑶寨》是一部紧扣时代主题的现实主义题材的独幕剧，利用多媒体制作，以大型LED展现背景等技术媒介，展现了大学生村官积极投身社会主义现代化建设，克服重重困难，在面对村民的不理解和伤害时能坚持自己的奋斗目标，以小现大，体现了当代大学生敢想、敢担、敢拼、敢为天下先的湖湘文化。

《天堂瑶寨》使用现实主义表演形式，注重瑶族文化的传承和发展，作品风格样式丰富，瑶寨神灵在舞台上外化呈现，瑶鼓自始至终贯穿全剧。作品中所使用的音乐均以瑶族人民生活为背景创作的原生态瑶歌，演唱者就是湖南艺术职业学院声乐教师，地道的江华瑶族歌手盘琴。瑶歌原始保真的质感，曲调的原始古朴，旋律的优美动人，展示了民族与历史的特定艺术价值。

坚持走弘扬优秀民族文化，立足湖湘文化，突出湖南地方特色文化的道路，精准对接产业群，深度衔接产业，不断优化和调整专业建设方向，努力把学院建设成为湖南非物质文化遗产的活态传承基地，实现社会效益和人才培养效益的统一。

参考文献：

① 刘晓喆．专业建设与人才培养适应经济社会发展问题的探索与思考——以学科群对接产业集群的平台创新为例［J］．社会观察，2014（10）．

② 刘延东．深化高等教育改革　走以提高质量为核心的内涵式发展道路［J］．中国高等教育，2012（11）．

③ 刘江南．特色学科群对接产业集群，服务行业科技进步——西安工程大学构建5＋X产学合作创新模式的探索［J］．西安工程大学学报，2012（01）．

④ 黄莉敏．学科集群与产业集群协同创新的机理分析——以武汉城市圈为例［J］．商业时代，2011（18）．

⑤ 汪馥郁，李敬德，文晓灵．产业集群呼唤学科集群——谈产学研协同创新［J］．中国科技产业，2010（06）．

桑植民歌产业化策略研究

湖南艺术职业学院　张敏敏

摘　要　桑植民歌产业化，不仅仅是通过文化产品商品化产业化去获取更大的经济利益，更重要的是要通过产业化的进程更好地去传承和发展桑植民歌，发挥桑植民歌对地方经济发展的过去、今天乃至未来的不可替代的作用。

关键词　非物质文化遗产；继承；产业化

（一）绪　论

作为我国2006年第一批公布的国家级非物质文化遗产的布袋戏，与其他很多非物质文化遗产一样，面临着观众流失、表演机会缩减、创作及表演人才流失三大难题，大陆地区的晋江布袋木偶戏、漳州布袋木偶戏和湖南邵阳布袋戏现在鲜有演出机会；而台湾布袋戏却至今吸引着新一代的年轻人观赏，这不能不算中国传统剧种的奇迹，同时为我们提供了非物质文化遗产产业化发展的范本。台湾布袋戏是台湾第一个达到产业化的剧种，它通过创新表演艺术并以企业化方式经营传统艺术，在艺术产品的创作中充分融入数字化技术、努力打造霹雳戏迷文化并重视附属产品的开发，从而获得客观的经济效益，维护和稳定了观众。同样作为第一批国家级非物质文化遗产的“桑植民歌”的产业化进程，仍处于起步、探索阶段。产业化发展后劲不足，未现成规模经济效益，产业链条尚未形成，并存在资源的进一步整合问题。由于缺少人才等要素的支撑，开发深度不够、缺乏精品制作、市场认知程度和影响范围不大，系列化程度不高。

2005年3月颁发的《国务院办公厅关于加强我国非物质文化遗产保护工作的意见》指出，我国现阶段非物质文化遗产保护工作的指导方针是“保护为主，抢救第一，合理利用，传承发展”。对非物质文化遗产的适度开发，能达到更好地保护与传承的目的，这样做不但可以增加就业，带动一方经济，同时还可以实现非物质文化遗产价值的最大化，从而实现利用遗产保存历史、传承文明的最终目的。桑植民歌在2005年10月被命名为“湖南省十大民族民间文化遗产”，2006年5月被国务院列为第一批“国家级非物质文化遗产”。桑植县也在2008被命名为“中国民歌之乡”，由此可见国家对桑植民歌艺术价值的高度认可。

目前，桑植县政府正致力打造国内知名山水人文旅游城市。《张家界市“十二五”国民经济和社会发展规划》明确指出，要“加强非物质文化遗产资源保护、开发、利用”。2014年湖南省政府工作报告指出，湖南应该“提升文化产业发展水平，突出抓好重点文化企业、重大文化产业项目建设，促进文化与科技、旅游、体育等多种业态融合发展。”

笔者认为，桑植民歌产业化，有利于对文化资源的合理配置、有效传承和文化资本的不断积累，有利于形成新的行业衍生产品，延长产业链，使第三产业比重得到提高。

（二）湖南桑植民歌概述

桑植地处湖南省西北部，地域独特，域内有28个能歌善舞的少数民族，为土家族、白族、苗族聚居地。这些民族只有语言，没有文字，所创造的文化，多以口头代代相传，桑植民歌就是他们创作的口头文学与音乐的结合。千百年来，桑植民歌从各个不同侧面和角度，倾诉着各族人民的思想情感和愿望，她将真善美有机融合和统一，其曲调丰富多变，旋律优美动听，情感淳朴而真挚。桑植民歌是桑植地区各族人民智慧的结晶和情感的表达，其润腔、衬词独特，具有鲜明的地域特色，赢得了不少音乐学者和听众的喜爱。它记录了人们改造历史、创作生活的过程，反映出了人们内心丰富的情感活动，在湖南民歌中占有很重要的地位。桑植民歌主要分为以下四种类型：

1. 山歌

山歌的曲调明快爽朗、具有高亢激昂、自由奔放的特点，此类题材大都描写男女之间的爱情，有五句和上下句的不同，有高腔、平腔和低腔三种不同类型，《小小幺姑爱坏人》《好郎好姐不用媒》《大河涨水小河流》等都属于山歌。

2. 小调

小调的曲调婉转动听、旋律悠扬悦耳、歌词长短不一、内容丰富，反映了极为广泛的桑植民间生活。作品题材主要用来表现分离等的悲伤情绪以及欢快喜庆的热闹场面，如《上四川》表现的是离别之情，《没见小郎带信来》表现的是思念之情，而《花大姐》则刻画出俏皮、喜气的人物形象。

3. 花灯

花灯是桑植地区深受人民群众喜爱的一种民间歌曲表演形式，逢年过节，桑植人民唱着花灯表达生活中的喜怒哀乐。在桑植有着“千台锣鼓响开台，万盏花灯闹新春”之说。桑植花灯有跳花灯、武花灯、懒花灯、文花灯之分。演出时，除独脚花灯外，演唱人数二人、三四人或五六人不等，一般由一男一女伴随锣鼓点子和二胡边跳边唱，唱词精练，曲调欢快活泼，节奏感强。桑植花灯调旋律跳跃活泼、节奏感强、结构短小，十分注重衬词衬腔的运用，浓浓的民间民族气息蕴含其中，花灯的代表作有《四季花儿开》《瓜子红》《十送》等。

4. 革命歌曲

桑植是革命老区，是贺龙元帅的故乡，作为红军长征的起点，特定的历史造就了独特韵味的桑植革命歌曲。桑植革命歌曲没有特定的调式结构，题材以山歌、小调、花灯等传统调子为主，歌曲大都表示一种积极向上的革命精神，如《不打胜仗不回乡》《红军来了做主人》《马桑树儿搭灯台》等。

（三）桑植民歌的产业化发展的现状

桑植县作为张家界市的一个下辖地，正全力启动打造："张家界后花园"，围绕"两城两水一园、旅游娱乐休闲、山清水碧天蓝、绿色生态家园"的城市发展思路，全面实施"溇水风光平湖游、元帅故里红色游、原始森林生态游、农家风情休闲游、九天奇洞探险游"的五大旅游规划，利用独有的民歌、民舞、民俗等文化资源发展以桑植民歌为主体的文化产业，为文化产业发展找到新的出口。

目前，桑植民歌作为第三产业占国民经济比重偏低，竞争力稍弱。随着桑植县经济社会的发展，桑植民歌保护和开发所面临的问题愈发凸显。首先表现在资金投入有限。资金是桑植民歌产业化发展中所面临的最突出问题，目前，桑植民歌产业化的资金来源主要依靠各级政府财政投入，且十分有限。桑植县的文化产业才开始起步，桑植民歌因为经费不足而得不到较好的保护，更无从谈及合理开发和利用。其次，桑植县经济发展水平整体不高，而且各地区经济发展不平衡。这势必就造成了部分地区不能实现具有一定规模的非物质文化遗产产业化发展的规划，而使得非物质文化遗产的保护状况越来越差。再则，由于宣传力度不够，造成的人民对桑植民歌产业化的认识程度不够。这些都是造成桑植民歌产业化程度不高的原因。

（四）桑植民歌产业化策略

非物质文化遗产产业化是指从事"非遗"相关文化产品的生产和经营，利用可经营性"非遗"项目资源发展文化产业。桑植民歌要实行产业化，需要学习了解国家、湖南关于非物质文化遗产产业化发展的政策和文件，在一定范围内对湖南重点文化企业、重大文化产业项目建设进行实地考察、调研，了解湖南目前桑植民歌产业化发展的现状和问题，借鉴其他门类非物质文化遗产发展经验，以保护桑植民歌个性为根本，合理开发。

1. 在保留传统文化的核心内涵的基础上，通过互联网等新型传媒和声光电等现代手段提高桑植民歌的表现力，实现题材体裁、风格流派和表现形式多样化，把传统的桑植民歌文化开发成富含历史文化信息，成为当代人所喜闻乐见的艺术形式。例如，今日，桑植为保护传承独具特色的非物质文化遗产，推陈出新将民族民间曲调与广场舞元素相结合，创作出花灯《瓜子红》、桑植民歌《四季花儿开》等"本土原创广场舞"曲目及舞蹈。已在全县广泛推开，实现了非遗传承老少皆宜、非遗保护全民参与的局面，组织的代表队在参加全国、省市举办的广场舞大赛中获得了金奖和银奖，《土家花灯》已纳入全省的推广曲目。

2. 创新机制，加强桑植民歌的传承与保护。对桑植民歌进行产业化开发，首先要对桑植民歌进行保护和传承，要从五个方面去做：一是通过活动来"养"，就是通过开展节庆活动，为"桑植民歌"提供展示的舞台；二是通过交叉来"学"，就是加强区县民间艺人和“非遗”项目的交流，抛开门户之见，互相取长补短，完善技艺，这样就不会出现审美疲倦；三是通过企业来“保”，通过非遗和企业联姻，开辟新的经济渠道，实现文企双赢；四是通过学校来“培”，就是通过“桑植民歌”进校园，学生从小就养成爱家乡、爱民族的美德，既丰富了校园文化生活，又传承了民族记忆；五是通过创新来“传”，就是通过将现代元素导入传统的民俗文化当中。

3. 将文化、旅游、教育、出版、服务行业联动配套发展，延长桑植民歌的产业链。音乐类非物质文化遗产是民族文化的主要内容，在旅游等第三产业中开发与利用非物质文化遗产，不仅可以科学地发掘、传承、保护和利用好民间音乐文化资源，还可以促进旅游业的发展，形成二者的良性互动，拉动地方经济与音乐类非物质文化遗产的共同繁荣。整合资源，打造文化旅游品牌。

桑植县的文化资源十分丰富，地域特色十分鲜明。桑植民歌产业化，要将民族文化与旅游文化相互渗透，红色文化与生态文化相互融合。将芬芳千古的桑植民歌与饮誉全国的元宵灯会、书墨飘香的村落文化、风起云涌的红色文化、独具特色的张家界阳戏以及遍布民间的民俗文化进一步整合，形成桑植地方特色文化体系。继续打造“国际乡村音乐周”品牌，发挥她的文化影响力。指导机关文化、社区文化、农村文化、企业文化、校园文化、广场文化的发展，扩大桑植民歌的影响力，提升桑植民歌的知名度和美誉度。此外，还需要推陈出新，创优秀作品。习总书记说：“创作是自己的中心任务，作品是自己的立身之本”。要注重培养文化名人或借助文化名人来开采桑植这座文化金矿，推出名篇佳作，提升城市名气。一首歌、一幅画、一篇文章，乃至一句话，会使桑植这座城市身价倍增。

4. 进行行业分工合作、开发附属商品，从而提升桑植民歌的影响力和持续发展能力。例如中国台湾霹雳布袋戏重视附属商品的开发。它的附属商品包括承载布袋戏内容的书籍、印有霹雳角色的马克杯和众多布袋戏的公仔模型和布袋戏内容相关的电脑游戏等。桑植民歌产业化要塑造新角色偶像，因为偶像一旦塑造成功，不但可以拥有忠实的支持群众，而且还能反映出传统文化惊人的创造力，从而能够带动附属产品的开发，比如、书签、背包等，都能带来一定的商机和一定的经济附加利益。

5. 整合并做强文化产业链是桑植民歌产业化发展的必要途径。今天，全球文化产业的竞争已不仅仅是单一企业的竞争和产品的竞争，更是一个产业链全方位立体化的竞争。桑植民歌产业化发展需要一个完整的产业链来支撑。在现代文化生产与消费环境下，任何一种文化产业的生存和发展，都只有和其他产业的发展有机地结合起来，最大限度地延伸自己的产业价值链，才能获得更强的竞争能力。从整体上看，桑植民歌的产业化进程仍处于起步、探索阶段，与发达国家相比差距很大。具体表现为总量规模偏小，占国民生产总值的比重过小，而且存在“散、小、弱、差”等情况，桑植民歌产业化发展必须立足桑植县目前经济发展的现状，通过对桑植民歌组合性要素的提炼，形成原创能力强和具备核心竞争力的桑民歌资源组合，从而产生聚合效应，形成产业的完整链条。此外，还需要适应时代需求，结合现代科技，创造出富含历史文化信息的新的艺术形式，更需要运用现代营销手段来开拓市场，才能真正实现桑植民歌产业化的规模经济。桑植民歌产业化能使各种民俗活动、少数民族服饰文化、民间技艺文化、民间文学艺术、民间舞蹈、歌曲、口承文学、历史传说、消费习惯、交际礼节、节日庆典、娱乐游戏、艺术技能以及饮食文化等知识和技能的价值不断得到增值，从而吸引更多的人去不断挖掘，不断传承。

（五）结　语

经济改革的浪潮已经把当下的艺术生产推入了“产业化”的发展阶段，桑植民歌产业化是一种必然的历史性选择，因为产业化的生产方式将给桑植民歌艺术生产一个新的平台。非物质文化遗产产业化的问题在全世界都是个难题，采取怎样的科学方法才能对非物质文化遗产进行合理的产业化开发，这是实践界和理论界都急需要解决而又悬而未决的问题。桑植民歌是桑植各族人民劳动和智慧的结晶，桑植民歌产业化，是一种文化传承手段，产业化的意义不仅仅是着眼于桑植民歌本身的未来发展，还能增强全社会对桑植民歌的认知、认同程度，营造作为国家级非物质文化遗产保护的桑植民歌的理想的社会精神环境和传播环境，使桑植民歌拥有更大的传播空间和发展空间。

参考文献：

① 肖常纬．中国民间音乐概述［M］．重庆：西南师范大学出版社，2007.
② 舒达．桑植民歌的音乐特征探析［J］．音乐创作，2010（06）．
③ 顾江．文化产业经济学［M］．南京：南京大学出版社，2007.

少数民族题材微电影艺术创作与发展传播策略研究*

张　睿
湖南艺术职业学院，湖南长沙　410205

摘　要　随着我国少数民族题材微电影的艺术探索以及创作团队的日益增多，各民族的民俗风情、文化故事通过微电影镜头得以完美呈现。微电影作为一种新的民族文化传播载体将如何更好地发展壮大，吸引更多的受众。本文将从少数民族题材微电影艺术创作以及发展传播策略两个方面展开研究，思考如何推动少数民族微电影良性发展，促进中华民族文化软实力提升。

关键词　少数民族；微电影；艺术创作；传播策略

从微电影诞生伊始，便受到了年轻人的关注和追捧，微电影它正以一种独特的叙事方式与艺术魅力走进人们的生活。其中，许多优秀的少数民族题材微电影层出不穷。比如，由青年导演杨蕊执导的少数民族题材微电影《图腾之旗》，经网络平台播出，就受到众多网民追捧以及各大视频网站重点推介，点击率迅速突破千万，并斩获了首届亚洲微电影艺术节“金海棠”优秀导演奖、优秀摄影奖，北京国际微电影节“评委会大奖”等国内重要赛事奖项。此外，如《戛洒往事》《彝剧》《俐侎阿朵》《瑶寨村官》等一些高品质的少数民族题材微电影，也让观众拍手称赞。它们大都反映了少数民族特有的文化内核与民族气质，彰显了少数民族文化的强大生命力。从这些优秀的少数民族微电影中，可以摸索出此类微电影艺术创作的大致规律所在。

（一）少数民族题材微电影艺术创作手法研究

1. 题材选取

少数民族题材微电影在题材选择上，应多注重“本土性”，而“本土性”主要体现在当地的自然风貌、民族风情、民族性格等这几方面。

少数民族地区大多拥有着得天独厚的自然风光和生态系统，孕育了绚烂多彩的民族风情，民族风情却又折射了民族性格，自然风貌、民族风情、民族性格三者之间密切相连，又互相影响。微电影题材应紧紧围绕这三者，不能单纯地去关注民族风光与风情，应透过表象深入到民族内涵与精神气质中，流露出对人性、民族文化的深层思考。云南沧源佤族题材微电影《最后的舞者》通过展现沧源佤族的歌舞与音乐，让观众们欣赏到少数民族的

* 本文为湖南省民宗委民族宗教问题研究项目2016年度课题“少数民族题材微电影创作与推广研究”（项目编号：2016－HNMY－030）的成果。

独特风情，最真实的少数民族艺术文化。除了呈现沧源佤族热情洋溢、载歌载舞的民族风情之外还有让人们反思的文化传承等问题。

2. 主题把握

要向观众表达的中心思想，就是影片的主题立意，一个影片的主题就是该影片的灵魂。少数民族微电影主题的把握在贴近自己本民族的同时也要考虑到与时代相结合，不仅仅局限于地域，更要立足于现在。湖南艺术职业学院摄制的《瑶寨村官》该电影讲述的是一位大学生村官赵正梁回到家乡天堂瑶寨工作，挑起了移民搬迁的大梁。他组织村民支持国家建设，在工作中也得到了回家采风的瑶族歌唱家盘琴的支持。本片将瑶族音乐、风俗、文化等有机地融为一体，展现了少数民族的风土人情，彰显了人们共建美好家园，奔小康的中国梦，紧贴时代主题。除此之外，还应多关注生态环境保护、生存的哲学思考等问题。主题的把握是至关重要的，只有选准主题才能吸引更多的观众，实现少数民族微电影的社会价值与文化价值，这样才会得到社会和观众的认可。

3. 人物设定

故事情节的发展靠故事人物的行动来展开，人物的设定是尤为重要的。人物的选择对于故事来讲，是故事发展的决定性方向。一个好的影片，首先让人们记住的是故事中的人物。故事人物对于观众来讲，就是自己在影片中的载体，这也就是为什么观众可以从不同的影片中可以有不同的共鸣，被故事情节所感动。一个接地气，性格棱角分明的人物形象的总是会引起观众们的关注。网络上有部关于云南旅游题材的微电影《黑导游和阿诗玛》，剧中人物幽默诙谐的表演和感人至深的反转剧情引得网友纷纷点赞留言，全网点击率破千万，这就是一个典型的例子。

4. 视听运用

微电影作为一门视听艺术，应注重镜头语言、台词对白、音乐音响等综合元素的运用。因为每一个少数民族的特征不一样，所以每一部少数民族微电影都要运用不同的画面艺术感，比如蒙古族崇尚自然，画面色彩就偏蓝白色，当然这并不是一成不变，随着情节的发展，情绪的变化，色彩也会随之而改变。至于声音，包括语言、音乐、音响三种，每个民族都有自己的语言，不管是少数民族母语，还是民族音乐或是环境音响，都可以原汁原味地有机地融合在剧情当中，往往那种朗朗上口、旋律优美、活泼轻快的音乐最容易被各类网站疯狂转载，风靡全国。比如，蒙古族微电影《敖鲁古雅》片尾曲就是由吉祥三宝演唱的，大家耳熟能详的一首歌，名字叫作《你好，敖鲁古雅》。

（二）少数民族题材微电影发展传播策略研究

当前，城市发展日新月异，少数民族年轻一代离乡背井，入城打拼，远离原有的生存环境，民族文化的传承逐渐走向衰落。而微电影的出现，正好可以有效地推动民族文化的传承。它凭借其短小、精炼、灵活等特点，迅速风靡于互联网，吸引更多少数民族年轻人参与互动。少数民族题材微电影深入挖掘民族故事，从视听角度完美解读民族文化，并采用创新、独特的叙事手段、拍摄技巧及剪辑方式，更符合年轻一代人的审美情趣，大大提高其观赏兴趣，迅速抓住观众的心，少数民族文化传播效果自然也就更好、更有效。做好少数民族题材微电影发展传播策略研究，弘扬少数民族文化，推动少数民族产业发展，是一个顺应时代发展的召唤而探索的论题。

1. 媒介传播策略

大众传播媒介可分为两大类：一类是传统媒体，包含报纸、杂志、电视、广播等；另一类是新兴媒体，包括网络、手机、触媒等。少数民族微电影便可通过传统媒体、新兴媒体等进行全方位、立体化、多平台的宣传，形成“传播合力”，推动少数民族文化的发展与繁荣，促进民族文化软实力的提升。

（1）传统媒体

传统媒体主要包括报纸、期刊、电视、广播。像报纸、期刊等这类纸质媒体随着时代的发展，品种越来越多，内容也越来越丰富，具有权威性，信息量大，易保存等特点，少数民族微电影可以借助各级主流媒体报纸报道宣传，如报纸、杂志的“文化专栏”“民族天地”等版块，对少数民族微电影获奖、主创人员、拍摄经历、少数民族特色等方面进行介绍，引起社会各界关注。

而广播、电视这类传统媒体传播范围广泛，拥有较多的收听或收视群体，对其传播表现形式更为丰富，如新闻报道、宣传广告、电视节目等，都具有非常好的宣传效果。

（2）新兴媒体

新兴媒体具有全球性、交互性、多媒体性等特点，兼容报纸、杂志、广播、电视等各种传播手段，少数民族微电影可以凭借微博互动、微信圈推广、手机游戏植入等方式，让与微电影相关的影评、剧照、花絮等呈现病毒式传播，成为当下最热门的话题或事件。

2. 产业化发展策略

“如果说少数民族文化资源是一座富矿，那么在这座富矿上打造的电影产业链则是一条吸金链。少数民族文化产业建设的核心就在于对资金的聚集、少数民族文化资源的整合和高效合理开发等问题的实现。”少数民族微电影的文化功能固然重要，其经济功能也不能丢失，应该积极探索如何把文化资源转化为文化产业，促进少数民族地区经济转型升级。

（1）多元化开发少数民族微电影产业模式

借鉴好莱坞电影产业模式，多元化开发少数民族微电影产业模式。产业链向上游延伸，可根植本土，研发创作有影响力、可供开发的微电影；向下游拓展，则借力有知名度的、优秀的微电影作品，尝试开发主题公园、文艺汇演、特色旅游、游戏动漫、图书出版等周边产品，形成一支文化产业舰队，提高少数民族地区经济竞争力。如广西壮族电影《刘三姐》带动了桂林文化旅游产业的发展，衍生出《印象刘三姐》山水实景演出、音像制品、艺术学校等，这是少数民族电影成功开发的典范。

（2）搭建少数民族微电影产业链

少数民族微电影产业链的繁荣发展离不开政府机构的主导搭建，在政策、资金、产业与舆论等方面，政府都应予以大力支持，引导外来资本积极投身于少数民族微电影产业链，让微电影成为少数民族地区产业转型升级、经济飞速发展的重要助推力。如云南省临沧市作为世界佤族之乡，凭借独特资源，当地政府积极联合中国电视艺术家协会，一举拿下亚洲微电影艺术节永久举办权，借助此盛会，临沧市还搭建了与微电影有关的项目，如亚洲微电影庄园、亚洲微电影学院、亚洲微电影产品交易中心、微电影博物馆、微电影主题公园、亚洲微电影林、金海棠酒店等，这些文化产业集群及文化产业基地，形成具有联动效应的文化产业带，由微电影所带来了文化影响力和经济推动力，成功助力了临沧经济的发展，可以说临沧选择了微电影，微电影也成就了临沧。

3. 品牌形象传播策略

全媒体时代，品牌形象的重要性越发凸显。少数民族聚集地大多地处偏远，急需通过某一品牌形象让外界来知晓，越来越多的少数民族地区开始将微电影作为宣传当地的一种重要手段，效果好坏直接取决于微电影的品质，而此刻微电影品牌形象的构建就显得非常重要了。

（1）找准定位

依据对受众市场的调查分析，结合少数民族地区文化资源的特点，打造个性鲜明的微电影品牌形象。“少数民族电影创作必须要坚守少数民族的文化立场和文化视角，深入少数民族文化根源，坚持抒写少数民族的‘心灵’”。少数民族文化充满着浓浓的异域风情和醇厚的艺术魅力，微电影应深入挖掘本地区少数民族文化故事、艺术形象、精神风貌等，使受众在观看时会不知不觉地唤醒内心的民族自豪感与族群认同感，促进全国民族大融合，中国民族电影产业才有立足之地，中国民族文化才能广泛传播。

（2）打造名片

个性鲜明的微电影品牌形象会在受众心中留下深刻的印象，少数民族地区应努力打造一批“名作”、一批“名家”、一批“名企业”，详细地说，也就是制作一批优秀的，有影响力的微电影，培养一批优秀的著名导演、摄影、编剧等，扶持一批优秀的著名影视制作企业，让它们成为当地的名片。黔西南州每年在兴义举办万峰林国际微电影盛典，各界媒体及创作机构都将齐聚于此，借助这股“东风”，他们培育了许多本土优秀创作团队以及微电影，如《陪你去贞丰》《用生命捍卫的誓言》《蜕变的天使》等，通过媒介广泛播映，都成了宣传推介黔西南地域形象的一张张名片。

4. 事件传播策略

少数民族微电影的传播可充分利用各种名人推荐、体育赛事、社会大事、节庆会展等，借助强势力量来塑造自身品牌，利用事件传播来迅速提升影响力。重要事件、庆典、节庆、体育和娱乐演出等不仅可以给观众带来较强的感官刺激，还可以树立媒介公信力，展示自身品牌形象。

（1）举办少数民族题材微电影大赛

少数民族地区都应极其重视并结合自身的少数民族文化资源，通过打造具有广泛影响力、强大竞争力的重大赛事活动，不断提升对外知名度和美誉度。国家民宗委、省民宗委、少数民族地区政府等可联合广电厅（局）、文化厅（局）以及相关机构、企业、高校，共同举办少数民族题材微电影大赛，题材、内容等可进行限定，大赛版块可丰富多样：主题研讨会，导演扶持计划等，通过比赛使创作者进一步了解民族文化，同时凭借大赛平台也可以多元化、广泛化传播民族文化。目前，像“多彩中华”微电影创作大赛，亚洲微电影艺术节、万峰林国际微电影大赛等赛事，由于多年举办，已具有一定的知名度，已成为少数民族文化传播的重要平台。

（2）推行“少数民族微电影工程项目”

“2013 年 10 月 13 日，由国家民委、中国作家协会批准立项的重要文化项目——中国少数民族电影工程在京正式启动。该项目将为我国每一个少数民族拍摄至少一部电影，以弘扬民族文化、促进民族团结进步。”这项计划的实施迅速地推动了民族电影的发展和壮大。我们不妨借鉴，由省民宗委、少数民族地区政府及相关协会机构共同实施“少数民族微电影工程”项目，对少数民族题材微电影创作者进行扶持，有了政策与资金的支持，微电影创作才会更加精良，民族文化也才会更具生命力。

（3）开启少数民族微电影进校园系列活动

推动少数民族微电影进大学校园活动建设，从大学生中培育少数民族微电影观众。当前大学生已成为电影市场的主流消费群体，也是未来时代发展的主力军。在全国各高校定期组织策划少数民族题材微电影展，通过开展播少数民族微电影播映、少数民族微电影创作团队创作分享交流会、少数民族微电影拍摄扶持计划等一系列活动，吸引一批年轻的、活跃的、有思想的群体与少数民族微电影碰撞出火花，这既有利于民族文化的传播，更有利于少数民族微电影人才的培养。“2014 年 11 月，教育部与国家新闻出版广电总局签署《关于‘全国校园电影院线’会商备忘录》，启动建设全国校园电影院线。”这一利好消息，对于少数民族微电影进校园活动创建夯实发展基础，营造了更加良好环境。

（三）结　语

少数民族题材微电影不仅呈现着少数民族优美绚丽的自然风光，也承载着少数民族悠久的历史文化和美好的民族精神。由通过精心的传播策划，这些充满着浓浓的异域风情和醇厚的艺术魅力的民族瑰宝，才得以表达、播撒和传承。中共十八大和十八届三中全会，都强调了要加强中华民族优秀传统文化教育，大力推进文化艺术产业的繁荣。少数民族文化是中华优秀文化的重要组成部分，必须予以尊重、保护和传承，少数民族文化也应通过微电影这一新兴的表现手段，借助媒介有效推动形成优势品牌，并不断进行刷新和延伸，塑造少数民族地区的美誉度和知名度，让少数民族文化因微电影而更具魅力。

致　谢

影视系戏剧影视表演专业教学团队积极致力于教学改革，以剧目驱动为抓手，以舞台剧表演、视频作品表演为切入点，为学生提供实践体验，激发学生的学习兴趣和提升教育教学实效，使学生具备良好的从事艺术表演的综合素质。这一教学改革得到了学院、职能部门和专业系部领导的大力支持，借此机会表示衷心的感谢。

话剧《天堂瑶寨》从剧目团队组建之日起，剧本的撰写、剧目的排演、舞美灯光的设计、道具的设计制作、摄影摄像、人物形象设计和化妆、服饰的设计准备、音乐的选取录制、舞台调度等具体实施人员都倾心尽力，以精益求精追求话剧的完美呈现，对他们的辛勤忙碌表示最诚挚的谢意。

我们将话剧《天堂瑶寨》从立项到成功演出的点点滴滴汇编成《剧目驱动教学案例——话剧〈天堂瑶寨〉》，以此表达对领导的支持和同仁们的努力付出的感激之意、感谢之情！

《剧目驱动教学案例——话剧〈天堂瑶寨〉》编委会

2017年4月